T0141072

PALABRAS
que los
NIÑOS
NECESITAN
ESCUCHAR

PALABRAS
que los
NIÑOS
NECESITAN
ESCUCHAR

DAVID STAAL

LO QUE
NECESITAN
PARA
CONVERTIRSE
EN LO QUE
DIOS PLANEÓ
PARA ELLOS

La misión de Editorial Vida es ser la compañía líder en comunicación cristiana que satisfaga las necesidades de las personas, con recursos cuyo contenido glorifique a Jesucristo y promueva principios bíblicos.

PALABRAS QUE LOS NIÑOS NECESITAN ESCUCHAR
Edición en español publicada por
Editorial Vida – **2010**
Miami, Florida

©2010 por DAVID STAAL

Originally published in the USA under the title:
Word Kids Need to Hear
Copyright ©2008 By David Staal
Translated by Grupo Nivel Uno, Inc.
Published by permission of Zondervan, Grand Rapids, Michigan 49530

Traducción, edición, diseño interior: *Grupo Nivel Uno, Inc.*
Adaptación de cubierta: *Cathy Spee*

ISBN: 978-0-8297-5714-9

CATEGORÍA: Vida cristiana / Familia

A los hombres que asisten al Campo Paraíso:
Hagan que el final de sus tres días sea el comienzo
de una experiencia nueva e increíble
para usted y para su hijo.
Preocúpese menos por lo que le espera al otro lado
del río y más por lo que llevará
a casa cuando se vaya.

Contenido

Introducción

UN VIAJE

Hoy usted dará varios mensajes.

Tenga o no la intención, les comunicará pensamientos, sentimientos y creencias a los demás. Y como este libro tiene la palabra *niños* en el título, es muy probable que algunas de esas interacciones los involucren a ellos. Quizás a los suyos. Tal vez sean nietos, sobrinas o sobrinos. Pueden ser niños y niñas con los que trabaje en el ministerio, los deportes o a quienes eduque. Sea cual sea su rol, pregúntese: ¿Qué mensajes les daré hoy a mis niños?

Se estima que el vocabulario de los adultos tiene más de sesenta mil palabras[1]. A lo largo de cada día combino miles de ellas para darle forma al mensaje que expreso. De todas formas, casi nunca elijo con cuidado las que voy a utilizar, solo fluyen de mí como el agua del grifo. Hay veces que surgen casi al azar. Pero con tantas palabras a mi disposición seguro que puedo hacerlo mejor. Es más, estoy decidido a hacer exactamente eso.

¿Por qué debería preocuparme tanto?

Porque los mensajes relativamente simples pueden causar una impresión realmente importante en los niños. Y aun cuando algunos parezcan irrelevantes y se olviden en cierto momento, otros permanecerán con nosotros por un tiempo muy largo.

Aprendí esa lección hace algunos años cuando asistí a un servicio en memoria del padre de un amigo. Todos los presentes escucharon a tres niños adultos mencionar lo que recordaban de un gran padre; y cada recuerdo incluía un mensaje específico que había impresionado la vida de ese hijo o hija. Hablaron de los últimos comentarios de su padre con tanta pasión y detalle que hacía pensar que habían escuchado esas palabras la noche anterior.

Como padre de niños pequeños, hubo dos pensamientos desafiantes que entraron en mi mente y desde entonces se quedaron allí: *Bajo circunstancias similares, ¿qué dirían mis hijos acerca de mí? ¿Qué mensajes les doy que impresionen sus vidas?*

Mi conclusión: Si voy a decirles muchas palabras a mis hijos —cosa que haré— debería asegurarme de que sean relevantes. Y usted también debería hacerlo.

No estoy sugiriendo algo tan ilógico como examinar y planear cuidadosamente cada sílaba de las miles de palabras que decimos. Nunca lo podríamos hacer. Al contrario, sugiero algo mucho, pero mucho más fácil; algo que involucra un puñado de palabras.

Después de captar la sabiduría de algunos mentores, pedirles consejos a varios padres y madres, observar a progenitores que se llevan bien con sus hijos (y a otros que no), leer libros y hasta pedirles su aporte a algunos niños —desde la escuela primaria hasta la secundaria— emergieron siete declaraciones como las palabras más importantes que los niños necesitan escuchar. Sí, solo siete. Y en este libro se le asignó su propio capítulo a cada uno de esos mensajes. En mi papel de director del ministerio para niños de la iglesia muchas veces les sugiero a los padres que hagan de estos mensajes su prioridad. Como padres, mi esposa y yo hemos utilizado esas mismas frases durante años. Y ahora estoy ansioso por hablar de esa perspectiva con usted.

A pesar de que estas declaraciones son fáciles de tratar con los niños, hallará que pueden causar una gran impresión en sus vidas. No obstante, como son tan fáciles de olvidar, debe escoger decirlas deliberadamente. Si decide hacerlo ya, puede aprovechar los años que restan de la niñez de sus hijos.

Una vez, un amigo conocedor de aviación me contó que un simple cambio de dirección de un grado, casi al final de un vuelo, podía hacer que el avión aterrizara en una autopista y no en un campo vacío. Sin embargo, un cambio de dirección al comienzo de un vuelo hará que la nave no solo no llegue al aeropuerto al que debería, ¡sino que no arribe a su destino!

Navegar entre los desafíos que plantea ser padre, muchas veces parece involucrar también pequeños ajustes de dirección. Sin embargo, las modificaciones pequeñas, pero certeras, pueden hacer una contribución significativa a la dirección en la que los niños viajarán a lo largo de sus vidas. Y al igual que las coordenadas de los aviadores, las palabras de los padres pueden hacer un aporte mayor cuanto antes se las use. Los pequeños mensajes utilizados a través del tiempo pueden llevar a grandes transformaciones.

Ese momento es ahora, ya que Dios le ha dado la misión de grabar una impresión en la vida de los jóvenes que le puso en el camino. Sea cual sea su rol —padre primerizo, abuelo o algo por el estilo— este libro le ayudará a hacer ajustes en las conversaciones que entable con los niños.

Si me permite volver a la analogía del aeroplano otra vez, considere esto: cuando un piloto gira el volante solo un poco, los sistemas hidráulicos magnifican su esfuerzo, lo que hace que se muevan las grandes partes mecánicas. La nave responde. Sus mensajes, por pequeños que parezcan, hacen algo similar. Pronunciar palabras requiere muy poco esfuerzo. No obstante, la confianza o el respeto que se ganó, o la autoridad que posee, magnifican la fuerza de ellas. Y los niños responderán. Por supuesto que tal vez no vea la respuesta de inmediato, pero sucederá.

Eso ocurre porque los mensajes tienen valor, y este libro le ayudará a girar el volante en la dirección correcta. Observe que no dice que se convertirá en un superpadre. Lo que logrará es hacer mejor uso de sus palabras.

Primero, permítame ofrecerle algunas explicaciones que pueden aportar algo de claridad para asistirle mientras comienza a leer esta obra. Empezaré con una nota acerca del lenguaje: todos los conceptos que discutimos son útiles para niños y niñas. A veces leerá solo «él» o «ella». A menos que lo categoricemos como un género específico, puede asumir que la idea se aplica a ambos.

Segundo, cada capítulo termina con una gran pregunta con la intención de desafiarle. Resístase al impulso de pasar por alto este recurso. Tómese unos momentos, unas horas o incluso días para contemplar en profundidad cada una de las preguntas. Aunque esas grandes preguntas sean cortas, su respuesta tendrá extensas repercusiones.

Tercero, a pesar de que el libro es principalmente para los padres, la mayoría de los conceptos también son útiles para los adultos que no son padres, pero que tienen relaciones clave con los niños. Si eso le es útil, uno de los apéndices le brinda una guía de referencia rápida para dar los pasos siguientes.

Cuarto, obviamente las siete palabras y frases cubiertas en las siguientes páginas no son las únicas declaraciones que deseará tratar con sus hijos. Estos son mensajes que puede usar en miles de maneras durante muchos años. Desde luego que los niños necesitan escuchar muchas más palabras, pero estas siete hacen un aporte desproporcionalmente positivo.

Por último, este libro no ofrece ninguna garantía de que sus niños lleguen a convertirse en hijas o hijos extraordinarios. Al contrario, apunta a un objetivo más importante: que sus palabras los ayuden a ser lo que Dios quiere que sean. He aquí cómo opera eso: Los mensajes que usted les da a sus hijos pueden guiarlos a Dios o a otro lugar. Si pasan a establecer una relación completa con él, este no es un resultado del cual pueda adueñarse, sino que su responsabilidad es influir en ellos para que lo logren. De modo que ejercite la paciencia y no sienta la presión de lograr resultados inmediatos.

Al contrario, imagínese un día —quizás el mes que viene o dentro de algunos años— en el que sus hijos se percaten de la impresión que hicieron sus palabras en la vida de ellos.

Su viaje a ese día comienza cuando voltee la página.

«CREO EN TI»

Éste es mi Hijo amado; estoy muy complacido con él.

MATEO 3:17

Diga la palabra «campamento» y tendrá una gran variedad de reacciones. Algunos recuerdan horas completas respirando aire fresco, mirando las estrellas y luchando contra los insectos en una excursión campestre durante tres días. Otros evocarán una visita al aire libre en sus vehículos rústicos, intentando hacer palomitas de maíz instantáneas en una fogata antes de escapar en tres saltos de nuevo a la comodidad del aire acondicionado, lejos de los insectos, para ver una película. Sin embargo, en nuestra familia los campamentos son acontecimientos que se dan dos veces al año: una semana padre e hijo con Scott y otra padre e hija con Erin.

El campamento al que vamos, que nuestra iglesia ofrece cada año en la península superior de Michigan, no tiene lujos como alcantarillas ni electricidad. No obstante, eso es opacado por la abundancia de insectos y estrellas. Y de lecciones transformadoras.

Un viaje de centímetros

En el primer día de nuestro campamento inaugural de padre e hijo, Scott —que en ese entonces tenía siete años— trepó entusiasmado una escalera de cuatro metros de altura hasta llegar a las cuerdas que lo esperaban arriba para dar curso a su aventura. Yo lo seguí a regañadientes, preocupado por lo rápido que se alejaba la tierra firme a cada paso que daba. El fino arnés de seguridad atado a mi cintura y mis piernas me recordaba a cada instante el miedo al que me enfrentaba en los momentos que luchaba con la gravedad.

Una vez que llegué a la plataforma traté de ocultarle mi miedo a Scott, a nuestro guía de dieciséis años y a varios padres e hijos que miraban desde el suelo sin peligro alguno... ese lugar tan maravilloso que tanto añoraba. Un suave viento secó la transpiración de mi frente mientras forzaba una sonrisa falsa. Luego sopló más fuerte. La plataforma se bamboleó. Y yo oré.

La primera parte de la aventura en las sogas requerías que nos pusiéramos uno frente al otro, colocáramos nuestras manos en los hombros del otro y camináramos de costado sobre lo que parecían cables de teléfono paralelos. Cables de teléfono diseñados para transportar llamadas, no personas, pensé. Nos bamboleábamos a cada paso que dábamos. Cuanto más trataba de equilibrarnos, más nos tambaleábamos. Mi falsa sonrisa desapareció y el miedo de Scott aumentó, al igual que mi insatisfacción por no poder proteger a mi hijo. De pronto, acampar con una casa rodante me pareció muy atractivo.

A mitad de camino sobre los cables de doce metros, Scott se paralizó. Se negó a seguir. Miró hacia abajo, me miró, miró para abajo, volvió a observarme y, con una voz tan suave que solo yo pude oír, dijo:

—Papá, tengo demasiado miedo.

Oh, cómo quería gritar: «Yo también hijo. ¿Qué estamos haciendo aquí arriba?»

En lugar de eso susurré:

—Tienes razón, esto da miedo. Si quieres podemos rendirnos. Pero creo que puedes dar un paso más ya que llegaste hasta aquí. ¿Quieres intentarlo?

—¿En verdad crees que puedo?

—Amigo, creo en ti, puedes hacerlo. Estoy seguro.

La confianza dominó al miedo mientras Scott deslizaba su pie derecho quince centímetros.

—Tienes razón —dijo, y seguimos adelante hasta llegar a la seguridad de la siguiente plataforma. Brotó una mezcla de felicidad y lágrimas. Parte de ellas eran mías, obviamente por nuestra seguridad, pero más aun por las palabras que salieron tan inesperadamente en el momento justo; palabras que marcarían el comienzo de una confianza increíblemente poderosa dentro de mi hijo.

Mi mente captó vívidamente ese momento. Por fortuna también lo hizo la cámara de otro padre. Con ayuda del diseño de computación por parte de un amigo, utilicé la foto a fin de crear un póster para Scott que dice: «Valentía es seguir adelante a pesar de tener miedo».

Unos meses después mi familia se sentó alrededor de la mesa del comedor a disfrutar una comida con los vecinos. Durante la conversación que iba de un tema a otro, Scott mencionó una carrera que consideraría: la militar.

«¿Tú?, ¿soldado?», se burló una niña.

Scott saltó de su asiento, corrió a su cuarto y volvió con su póster.

«Yo sería un *buen* soldado», dijo, «¡porque soy *valiente*!».

Tres simples palabras —«Creo en ti»— susurradas durante un breve encuentro a seis metros del suelo redefinieron la perspectiva de Scott acerca de sí mismo. Esa frase le dio a mi hijo la confianza que necesitaba para avanzar en la vida, paso a paso.

> Porque cuando un padre cree en uno, uno comienza a creer en sí mismo.

¿Por qué? Porque cuando un padre cree en uno, uno comienza a creer en sí mismo. Levante su autoestima. La autoestima importa.

Pasos tambaleantes y zancadas largas

Cada niño necesita sentirse aceptado y valorado. Por ello se pregunta constantemente acerca de sí mismo y se debate entre distintas autopercepciones; sus habilidades contra sus incapacidades. Lo ideal sería que las personas más cercanas a él lo ayudaran a inclinar la balanza a uno u otro lado en esa batalla interna. Cuando un padre, u otro adulto respetado, están a la altura de las circunstancias, la saludable autoestima que eso crea puede ayudar a que florezca la confianza del niño. El proceso de pensamiento actúa parecido a algo así: «Mi papá cree en mí, por tanto debo creer en mí mismo». Unas veces el resultado es un paso tambaleante de solo quince centímetros. Otras, son zancadas más largas.

Un niño apuntalado por tal confianza podrá resolver los inevitables desafíos de la vida al enfrentarse a ellos. Tal fue el caso de Wilma Rudolph. En su infancia los doctores le dijeron a su madre que debido a una enfermedad debilitadora era probable que Wilma no pudiera volver a caminar. Ella decidió aferrarse a un pronóstico diferente. «Mi madre me dijo que podría, de modo que le creí».[1] Esa creencia se convirtió en el fundamento que luego le permitió ganar la medalla de oro olímpica para Estados Unidos en las carreras de cien, doscientos y cuatrocientos (relevo) metros.

Palabras definidas

A pesar de que la frase «Creo en ti» parezca simple, echémosle una mirada más cercana, puesto que el mensaje que contiene puede ser bastante complejo.

Los niños escuchan constantemente las opiniones de sus padres sobre una gran cantidad de temas. A lo largo del tiempo es natural que surja la curiosidad acerca de lo que piensan mamá o papá. En efecto, las preguntas: «¿Qué piensa mamá de mí?» o «¿Qué piensa papá de mí?» pueden ser las más persistentes en la mente de los pequeños. Y si no son contestadas satisfactoriamente, los niños pueden pasarse toda la vida preguntándose si tienen la aprobación de papá o mamá.

En su libro *Salvaje de corazón*, John Eldridge afirma que los niños ansían escuchar lo que sigue: «Tienes lo que se necesita para ser un hombre»[2]. Las niñas también necesitan escuchar que están haciendo un progreso digno de halagos hacia la madurez; y recibir la aprobación de los padres a lo largo del camino.

Si falla al no expresarle tales mensajes al niño, este puede crecer falto de un amor propio saludable, por lo que puede buscar esa seguridad difícil de alcanzar en otros. Por eso, exprese que cree en su hijo o hija con frecuencia y, desde el principio, esto puede llevarle a confiar. Tomemos por ejemplo al legendario entrenador de baloncesto de la Universidad de Duke, Mike Kryzyzewski, que es un gran fanático del poder de la frase «Creo en ti». Él dice lo siguiente: «Esas tres palabras pueden marcar la diferencia entre el miedo al fracaso y el valor para intentarlo»[3].

Cuanto más temprano escuchen —su hijo o su hija— esas tres palabras, mejor, porque la fe de usted en ellos es tan importante en la escuela como en la universidad. ¡Se podría decir que aun más!

Phil y Gail vieron cómo se cumplió esta verdad con su hijo Ryan, que estaba en sexto grado. Él compitió en un grupo de drama, pero no lo aceptaron porque carecía de habilidades para la proyección vocal. A pesar de la desilusión, el hecho no le hizo abandonar su deseo de actuar. Al contrario, unos meses después hizo una audición para el musical de mitad de primavera de su escuela... y terminó siendo el líder. ¿De dónde provino su confianza? Cuando Gail le preguntó qué le hizo buscar ese papel, él le respondió: «¡Sabía que podía hacerlo porque estaba seguro de que tú y papá creían en mí!».

Los padres de Ryan le enviaron el mensaje adecuado. El niño escuchará y confiará en la frase «Creo en ti» si siente que las palabras son auténticas; lo que contrasta con la gastada declaración que dice: «Eres un gran niño». He aquí el porqué: una obviedad tal —a pesar de que tenga buena intención— puede parecer barata, impersonal y tosca, demasiado fácil de decir. Por otro lado, «Creo en ti» comunica la convicción personal del padre, por lo que perdurará por mucho más tiempo en la mente del niño. A un pequeño como Ryan no lo beneficia escuchar que es un gran niño; es preferible que sepa que alguien cree en él sinceramente para que confíe en sí mismo con firmeza.

O expresado de otra manera, las palabras huecas pueden neutralizar las nobles intenciones de los padres. El sicólogo Chick Moorman sugiere el uso de elogios descriptivos en vez de evaluaciones vacías para evitar esta infortunada realidad. «Los elogios descriptivos describen logros o situaciones, por lo que afirman al niño en lugar de evaluar lo que hizo», explica.

Por otro lado, dice en referencia a la mera evaluación «Cuando uno elogia a alguien con este tipo de charla paterna [elogio evaluativo], lo categoriza con palabras como bueno, excelente, súper, tremendo, fantástico y magnífico [...] Los elogios evaluativos ayudan a la persona a sentirse *temporalmente* bien»[4].

¿Sugiero que deje de decirle a su hijo que hizo un gran trabajo según su boletín de calificaciones? No. Pero continúe comentándole qué observó que hizo bien, como por ejemplo los hábitos de disciplina para el estudio o la gran cantidad de veces que le pidió que le preguntara la lección para ver cómo se deletreaban las palabras. ¿Debería evitar decirle a su hija lo fantástica que es? No. Pero vaya más allá dándole razones específicas que forjen su conclusión. «Buen trabajo» y «Eres muy buena», como frases aisladas, llevan a sentimientos que solo duran un momento. Haga que sus mensajes logren más.

Pensando en ese propósito, intentemos causar la mejor impresión con las palabras que les digamos a los niños. Cuando se expresa de manera clara, sin exagerar y en los momentos precisos, el mensaje «Creo en ti» ayuda a forjar una confianza personal duradera.

El uso de las palabras. Dos preguntas importantes

El ya fallecido Fred Rogers dijo: «Puesto que alguna vez fuimos niños, las raíces de nuestra empatía ya están plantadas en nosotros. Se nos hizo saber lo que era sentirnos pequeños y sin poder, desvalidos y confundidos. Así que cuando captemos algo de lo que nuestros hijos pueden estar sintiendo, empezaremos a darnos cuenta de qué es lo que nuestros hijos necesitan de nosotros»[5].

Reflexionemos un momento en el pensamiento de Fred. Los adultos sabemos lo que se siente al lograr algo y preguntarnos si alguien notó o valoró la hazaña. Cuando los padres están decididos a entender qué sienten sus hijos en una situación, en vez de simplemente enfocarse en la circunstancia misma, tienen la excelente oportunidad de expresar palabras que cambien la vida de ellos.

Por lo tanto, combinemos algo de estrategia con el sentido común del señor Rogers al observar a nuestros hijos y descubrir cómo expresar la frase «Creo en ti». Los padres transmitirán exitosamente este mensaje transformador cuando se desafíen a sí mismos con dos preguntas importantes: «¿Qué pasó?» y «¿Qué *pasaría*?».

¿Qué pasó?

Todo padre se pregunta «¿Qué pasó?» luego de un golpe fuerte o un alarido de protesta de un hermano menor. Es obvio que esas

palabras significan que alguien está en problemas. Sin embargo, por el bien de nuestro debate, dejemos a un lado el uso reactivo de ellas. Pongámoslas mejor en forma proactiva agregándoles las palabras «que valga la pena notar». Averiguar «¿Qué pasó que valga la pena notar?» nos hará enfocarnos y nombrar rasgos específicos y positivos que estén sucediendo; aquellos que ameritan apoyo y confianza. Para ello, prepárese para ejercitar la paciencia. Todos los niños reciben las semillas del carácter; algunas requieren más tiempo que otras para germinar.

No obstante, cuando brotan, los padres necesitamos regarlas rápidamente con nuestras observaciones positivas. Si no regamos bien la planta joven, puede marchitarse; incluso desaparecer por completo. Lo mismo sucede con esas oportunidades con nuestros hijos.

Mi esposa y yo hacemos lo mejor que podemos para aprovechar los momentos en que vemos que nuestros hijos desarrollan o muestran una cualidad. Cuando sucede eso, de inmediato los miramos a los ojos y les brindamos una sonrisa combinada con palabras como: «¡Tu amabilidad se nota!» Muchas veces hasta asentimos levemente en señal de aprobación o ponemos nuestra mano en el hombro de ellos. Parece realmente simple, ¿verdad? Quizás lo sea, pero rinde sus frutos. Después de años de practicar eso, podemos transmitirles aprobación y confianza —con un simple movimiento de cabeza— aunque estemos en lo último de una habitación repleta de gente. En mucho menos tiempo del que se demora leyendo esta oración, usted puede enviar —y su hijo puede recibir— el mensaje «Creo en ti». Cuanto más lo practique, más fácil resultará.

En *Parents Do Make a Difference* [Padres que se distinguen], Michael Borba enumera varias formas sencillas de decir «¡Creo en ti!»[6].

> ¡Sabía que podías hacerlo!
> Ya casi lo logras.
> Lo estás haciendo mucho mejor.

Eso está mejor que nunca.

Estás en buen camino.

¡Mejoras cada día!

Es una gran idea.

Estás haciendo un gran trabajo.

¡Debes haber estado practicando!

Estas ideas operan mejor cuando acompañan inmediatamente a la acción del niño, no dejándole duda de a lo que usted se está refiriendo. Si pasa un tiempo, el padre debe hacer una referencia específica a la razón de sus palabras. Por ejemplo: «¿Recuerdas cuando le preguntaste a Debbie si quería ir a nadar contigo y tus amigos? Creo que estás haciendo un gran trabajo asegurándote de que no menosprecien a las personas ni hieran sus sentimientos».

O tomemos el cumplido que hace poco le envié por e-mail al padre de una niña con la cual estuve en contacto en la iglesia, diciéndole que tenía buenas razones para sentirse orgulloso de su pequeña y confiada hija. Puesto que había pasado un tiempo significativo (por lo menos un día) antes de que recibiera mi mensaje, el hecho de que él simplemente elogiara a su hija por su seguridad en sí misma

> Cualquiera puede elogiar las buenas notas al final del semestre. Me alegra no haberme perdido el verdadero éxito que obtenía cada noche a lo largo del camino.

al hablar con los adultos la confundiría. Para que sean eficaces, sus comentarios deberían incluir una referencia a la razón de los mismos, como por ejemplo: «El señor Staal me contó que lo miraste a los ojos y hablaron de una historia graciosa, y que luego, al final de su conversación, le dijiste: "¡Que tenga un gran día!"».

Para que un elogio como ese tenga el máximo valor también debería incluir la reacción del padre en el cumplido. «El señor Staal cree que tú...» tiene un impacto mucho menos importante que «Por lo que tenía que decir el señor Staal, puedo ver que tú...» Haga del mensaje algo personal y le brindará a su hijo un fundamento para su autoestima.

Por supuesto que el desafío es hallar estas importantes oportunidades en el contexto cotidiano de su hijo. Los próximos tres métodos para este descubrimiento pueden ser un gran punto para comenzar.

Haga una pausa para observar y escuchar. La vida pasa rápido. Por eso, cuando participe en actividades con su hijo o hija, o cuando simplemente los esté observando, quite su atención de lo que está sucediendo y enfóquese intencionalmente en lo que él o ella son. ¿Qué está diciendo o haciendo que valga la pena notar? Una pista: si aprecia los esfuerzos de su hijo o hija, lo nutrirá más que si espera por sus logros.

Hace poco un padre describió el beneficio de prestarle atención al camino que atravesó su hija para obtener las mejores calificaciones en su informe escolar. Sí, las notas altas merecen felicitaciones. Ese padre describió cómo los ojos de su hija se llenaban de brillo cuando él le decía que notaba el tiempo extra y el esfuerzo que ponía en sus tareas; y hasta que su deseo de trabajar arduamente podía ser su mayor fortaleza. «Mi familia sabe que estoy ocupado. Pero después que ceno ayudo a mis hijos con sus estudios», dice. «Cualquiera puede elogiar las buenas notas al final del semestre. Me alegra no haberme perdido el verdadero éxito que obtenía cada noche a lo largo del camino.

Escuchar y buscar oportunidades para decir palabras alentadoras requiere que el padre esté dispuesto a hacer una pausa en su desenfrenada vida; cuando eso ocurre, los esfuerzos dignos de ser notados se vuelven mucho más obvios.

Aliente los puntos fuertes de sus hijos. Por alguna razón parece que se nos hace muy fácil reconocer las debilidades de los demás. Por desdicha, esta habilidad logra poco para los padres cuando se la compara con lo que puede suceder cuando alientan las áreas fuertes de sus hijos. En su libro *Lo único que debe saber*, Marcus Buckingham explica cómo se da mejor el desarrollo al construir fortalezas en lugar de corregir constantemente las debilidades: una sugerencia de oro para los padres[7].

Una vez vi a un niño, llamado Matt, cambiar en un instante por un comentario alentador que se hizo en un río durante una tarde de campamento muy calurosa.

Verá, en nuestro campamento, aunque el trampolín, las algas y las sanguijuelas son muy divertidos, no se comparan con la soga para saltar al río. Cuando sus pies abandonan la plataforma y sus manos se aferran a una soga gruesa para columpiarse sobre las profundidades del agua, se siente la máxima emoción. Luego aparece el miedo, cuando debe soltar la soga y caer al agua como un pato al que le dispararon.

Por desdicha, cada vez que era su turno, Matt soltaba la soga demasiado rápido y caía en la zona en la que el río era poco profundo. Muchas personas, incluso su padre, le indicaban su error. Repetidamente le gritaba: «¡Estás soltándola demasiado pronto!». En su sexto intento, Matt escuchó a su padre decir: «Vamos, ¿cuál es tu problema? Si esta vez no lo haces bien, será la última oportunidad».

A pesar de la alta temperatura el niño se congeló.

Entonces otro padre se subió a la plataforma y le preguntó si sabía lo que tenía que hacer. «La verdad es que no», susurró.

«Solo aférrate a la soga hasta que escuches gritar: "¡Ahora!" y entonces suéltate», dijo. «Vi lo fuerte que eres, de modo que esto te será bastante fácil».

Matt se columpió, alcanzó una gran altura, respondió a la indicación, hizo un gran ruido al caer al agua, escuchó los gritos de aliento y sonrió con una nueva confianza.

Más tarde, esa noche, su padre le preguntó al otro padre qué le había dicho a Matt. Nunca antes había visto a su hijo tan seguro de sí mismo con algo nuevo. El hombre que preparó a Matt respondió: «Solo le dije qué hacer y por qué creía que podía hacerlo, en lugar de decirle lo que no tenía que hacer».

El consejo puede parecer simple, pero no subestime el desafío. Para marcar los errores o las falencias de un hijo se necesita poco o nada de habilidad como padre. Sin embargo, los niños necesitan adultos que puedan identificar y alentar sus puntos fuertes.

Pida ayuda a otras personas. Después de esa interacción, el padre de Matt se volvió una máquina aprobándolo. No obstante, primero dio un paso grande y peligroso: les preguntó a los demás padres qué puntos fuertes veían en su hijo. Hágale preguntas similares al maestro de su hijo. Pregúntele a su maestro de la escuela dominical o a su líder de grupo. Intente con los padres de otros amigos. Deberá anteponer una explicación a su pregunta: «Estoy tratando de enfocarme en sus puntos fuertes. ¿Notó algo en él que pueda alentar?». Es muy probable que ese padre le dé una respuesta y quizás hasta le pida consejos para hacer lo mismo con su hijo o hija.

Sin embargo, antes de expresar los comentarios de otra persona ante su hijo, intente observar los puntos fuertes o recordar cuándo

lo vio en acción. Puede realzar su comentario con su observación personal. Su hijo apreciará que lo haya notado.

¿Qué pasaría?

El mensaje «Creo en ti» puede servir como una afirmación necesaria hoy y una inversión para un mañana con más confianza. Imagínese los grandes pasos de fe que podría dar Mark ahora.

Una de mis ilustraciones favoritas de este principio proviene de Ben Zander, director de la Orquesta Filarmónica de Boston y profesor en el Conservatorio de música de Nueva Inglaterra. Él opina que cuando la confianza reemplaza a las razones de la duda en uno mismo, se libera un gran potencial, razón por la cual al *principio* del curso califica a todos sus estudiantes con un «10». La primera tarea es escribirle una carta, con fecha del final del trimestre, que explique la historia de lo que hizo el estudiante para obtener esta alta calificación. Su filosofía es: «Este diez no es una expectativa que tienes que vivir, sino una posibilidad que tienes que incluir en tu vida»[8].

> El desafío para los padres es que nos preocupemos menos por lo que otras madres y padres piensen y más por lo que escuchan nuestros hijos.

Califique a su hijo con un diez y observe cómo acoge la posibilidad que le inspiró en su vida. Y comience a desarrollar cuatro hábitos que pueden contribuir a su éxito.

Forje la fe en su hijo. El conocido autor ganador de un Premio Nobel, Toni Morrison, afirma: «Mucho antes de que tuviera éxito mis padres me hicieron sentir que podía tenerlo»[9]. Su observación es poderosa, y la podemos utilizar con niños de todas las edades.

Ese mismo tema surgió un día mientras almorzaba con mi amigo y mentor Dick. Le pregunté qué consejo podía darme acerca de cómo criar a un adolescente; después de todo, se acercaba el cumpleaños número trece de mi hijo y yo había escuchado que los desafíos de ser padre cambian cuando llegan los años de la adolescencia. «Espera lo mejor de él y asegúrate de que lo sepa», dijo Dick. «Enseguida observa cómo intenta hacer que eso suceda».

Luego Dick fue más específico. «Por ejemplo, muchos padres bromean acerca de lo malos conductores que esperan que sean sus hijos. Es probable que tu hijo parezca un pésimo conductor, pero no lo es. De modo que en lugar de reírte de él, aprovecha la oportunidad que tienes de decirle que crees que algún día será un gran conductor y dale una o dos razones de ello. Utiliza la misma lógica para predecir su éxito y aplícala en todas las situaciones que puedas».

Busque oportunidades para incrementar la confianza en su hijo. Estas oportunidades se dan cuando su hijo se enfrenta y lidia con responsabilidades y situaciones desafiantes.

Una tarde dominical, un padre de nuestro vecindario se paró y observó cómo su hijo de nueve años cortaba el césped. Las líneas estaban torcidas, algo lógico cuando la cortadora de césped es más alta que quien la empuja. Sin embargo, el padre se resistía a la urgencia de hacerlo él o corregirlo continuamente. Dio la casualidad de que nuestro cartero Anthony pasaba por allí y resumió bien la situación: «Parece que hay algo importante creciendo en su patio», dijo.

Las oportunidades de mostrarle a su hijo su confianza están por doquier. El niño puede limpiar las ventanas del auto mientras usted lo carga de combustible; pedir la comida y limpiar la mesa en un restaurante (¡si usted, al igual que nosotros, frecuenta lugares donde no haya personal!) o servir de voluntario a su lado en la iglesia. Permita que su hijo o hija aproveche la oportunidad con la menor cantidad de instrucciones repetidas posibles y él o ella sentirá su confianza. Piense que hay más cosas en juego que el solo trabajo que se realiza, por eso preocúpese más por el crecimiento de su hijo que porque las líneas estén rectas o no haya manchas en los vidrios.

Muestre una confianza firme en su hijo cuando ambos estén frente a otra persona. Algunos padres evitan hacer esto por miedo a parecer que alardean; una preocupación legítima cuando el niño no está presente o si los comentarios involucran la exageración. No obstante, cuando un niño está lo suficientemente cerca como para escuchar sus palabras, atrévase y alardee un poco. Hay mucho que ganar. Sin embargo, para evitar repeler a otros padres o causar que otro niño se sienta disminuido, cuide «un poco» sus palabras.

En su libro *Loving Your Child Too Much* [Ame mucho a su hijo], los doctores Tim Clinton y Gary Sibcy expresan opiniones en cuanto a cómo hacer la afirmación más positiva: «Asegúrese de que le escuche. Su hijo puede actuar avergonzado cuando usted lo alaba, pero por dentro estará radiante de alegría»[10].

La última noche del campamento al que vamos termina con una tradición que borra de la memoria todas las picaduras de insectos y el miedo a las alturas. En cada cabaña se forman grupos de cinco padres con sus hijas (o hijos), se sientan en círculo, y cada hombre expresa palabras de afirmación para cada uno de los niños presentes. Luego el último comentario para cada niña viene de parte de su propio padre. Cuando el padre de cada niña la mira a los ojos y frente a ocho personas dice por qué está orgulloso de ella, por qué cree en ella y por qué la ama, se produce un momento muy poderoso. Este momento tiene un potencial tan rico que muchas veces los padres pasamos los tres días anteriores a este acto ideando nuestros comentarios. Cuando nos llega el turno queremos recordar fácilmente nuestras palabras para que nuestras hijas no olviden nunca lo que tenemos que decir.

El desafío para los padres es que nos preocupemos menos por lo que otras madres y padres piensen y más por lo que escuchan nuestros hijos.

Pregunte: «¿Qué te parece?» Los niños se pasan toda la vida escuchando las opiniones, elecciones e indicaciones de sus padres. Por eso, imagínese la confianza que se genera en ellos cuando mamá o papá les piden que opinen acerca de una decisión o una conversación.

Paul, un padre de mi iglesia, describe cómo le da vida a esta idea aunque no le resulta natural: simplemente les pide a sus hijas que den su opinión. No que decidan en cuanto a qué cereal comprar para el desayuno o qué película alquilar. Al contrario, frecuentemente busca el aporte de ellas en algún problema en particular o situación en la que él piense (o en la que piensen ellas).

«Por ejemplo, puedo preguntarles cómo encontrar la mejor forma de ir y volver del trabajo todos los días», dice. «O cómo puedo hacer para ahorrar dinero a fin de comprar algo que quiero. O cómo podemos alcanzar a nuestros vecinos como familia durante las vacaciones».

En efecto, esta técnica se volvió tan eficaz que Paul y su esposa la convirtieron en una rutina familiar. Tratan una vez al mes de tener una reunión familiar en la cual mencionan un aspecto de la vida que amerite conversar, tal vez organizar horarios o futuras actividades. «Es una gran oportunidad para relajarnos y asombrarnos de cómo crecen nuestras hijas al darles la oportunidad de expresar sus opiniones y ser escuchadas», comenta. «Podemos ver en sus ojos lo valoradas y respetadas que se sienten».

Palabras de advertencia

El mensaje «Creo en ti» puede ser potencialmente contraproducente, por eso es importante que analicemos un momento cómo es posible eso. Con su ávido celo, los padres pueden establecer expectativas irreales para sus hijos o ponerlos en situaciones que claramente no pueden manejar. Conozco padres que intentan convencer a los directivos de las escuelas de que sus hijos prosperarán en el programa para estudiantes dotados cuando los resultados de los exámenes demuestran lo contrario. Por supuesto, a veces las evaluaciones estandarizadas cometen errores. Al igual que las evaluaciones de los padres.

Además de eso, el niño puede percibir la confianza de un padre como condicional cuando solo se espera el éxito de él. Y recuerde el consejo que recibimos de Chick Moorman para evitar caer exclusivamente en los elogios evaluativos: «Los elogios evaluativos ayudan a la persona elogiada a sentirse *temporalmente* bien». ¿Y qué sucede cuando uno solo espera logros? La confianza de los padres en el hijo parecerá evaporarse.

Por eso, siga esta guía: No empuje a su hijo a darle razones para creer en él o ella. En lugar de eso, exprese su confianza en su hijo ahora, tal como es, sin presión alguna para que rinda bien.

Los niños necesitan que creamos en ellos, sobre todo cuando no tienen éxito. En su libro *El precio del privilegio: Cómo están creando la presión de los padres y las ventajas materiales una generación de jóvenes desvinculados e infieles*, la doctora en sicología Madeline Levine afirma: «Todos queremos que nuestros hijos

> Exprese su confianza en su hijo ahora, tal como es.

empiecen con el pie derecho. Pero a veces en la niñez y la adolescencia el pie derecho es el que tropieza, dándole la oportunidad al niño para aprender a recuperar el equilibrio y volver al camino correcto»[11]. En otras palabras, los tropiezos de su hijo sirven como grandes oportunidades para que usted exprese su confianza en ellos. Y su confianza servirá como la estabilidad más necesitada y apreciada.

Esto debe haber sido lo que tenía en mente Fred Rogers cuando afirmó: «Cómo deseo que todos los niños pudieran tener al menos una persona que pueda abrazarlos y animarlos. Deseo que todos los niños tengan a alguien que les haga saber que el exterior de las personas es insignificante en comparación con su interior: que les demuestre que *pese a lo que suceda,* siempre tendrán a alguien que cree en ellos»[12].

Y de los deseos de Fred Rogers podemos pasar a la sabiduría de la Biblia. En el Evangelio de Mateo, Dios ofrece un poderoso ejemplo de cómo expresar la confianza en nuestros hijos cuando declaró ante todos los que estaban presentes en el bautismo de Jesús en el Río Jordán: «Éste es mi Hijo amado; estoy muy complacido con él» (Mateo 3:17).

De maneras menos espectaculares, pero aun así poderosas, usted también puede difundir este mensaje alentador para su hijo. Ya sea junto a un río, sentado en círculo o colgado de un árbol —no importa dónde estén usted y su hijo— puede decir: «Creo en ti».

GRAN PREGUNTA #1

«¿Está convencido mi hijo de que realmente creo en él?».

Es muy probable que un niño confíe en que Dios cree en él si siente que usted lo hace.

«PUEDES CONTAR CONMIGO»

Dios ha dicho: «Nunca te dejaré; jamás te abandonaré».

HEBREOS 13:5

¿Recuerda cuando Scott y yo estábamos en los árboles en el campamento, balanceándonos sobre dos cables de teléfono? Bueno, eso no terminó ahí. A pesar de nuestro tambaleante comienzo, el éxito que tuvimos en el primer segmento del curso nos llenó de confianza. Ahora nos enfrentábamos al desafío de caminar sobre un solo cable.

Yo guiaba el camino: deslizar el pie izquierdo, luego el derecho, con las manos aferradas a la soga de seguridad por encima de nuestras cabezas. Repetirlo. Repetirlo de nuevo. Mis agraciados movimientos llegaron a su fin cuando Scott agarró mi cinturón y deslizó su pie izquierdo y luego el derecho hacia mí. Cada movimiento repentino nos balanceaba hacia adelante y hacia atrás. Así que nos turnábamos una vez cada uno para movernos. Nada mal, casi como una coreografía.

Sin embargo, nuestro ritmo se acabó cuando llegué al final del cable, me subí a la plataforma de madera y dejé a Scott sobre el alambre. Solo y asustado. Con las dos manos apretando fuertemente la soga de seguridad.

Me preguntaba: *¿Qué tipo de papá dejaría a su hijo ahí completamente solo? ¿Debería volver al cable a rescatarlo?*

De ningún modo. Me senté en la plataforma, donde con solo unos pasos más —o deslizándose unos centímetros— podía sumarse a mí.

Todo lo que tenía que hacer era soltar la soga y agarrar mi mano. Ningún problema.

Sí, si había problema. Scott dijo que no soltaría la soga. En verdad, insistía en que no *podía* hacerlo.

—Debes hacerlo, campeón —le dije—. Estás muy cerca, lo puedes hacer.

—Para ti es fácil decirlo —disparó él—. Tú ya llegaste. Yo sigo aquí, ¡y sé que me voy a caer!

Pensé decirle que el arnés de seguridad lo sostendría si se tropezaba, pero me di cuenta de que eso podría asustarlo aun más. Era eso o animarlo a arriesgar el todo por el todo. Ninguna de las dos opciones parecía buena.

Entonces dije:

—Si te caes, yo salto. No dejaré que caigas solo.

Para demostrarle que hablaba en serio, me arriesgué y asomé la mitad del cuerpo fuera de la plataforma.

El arnés de seguridad me sostendría, ¿verdad? Espere un minuto. Eso significaba que el equipo tendría que detener noventa kilogramos (o algo así) cayendo al suelo. Comencé a pensar en el sonido que haría el arnés al romperse. Luego imaginé el *tun, tun, tun* producido por el helicóptero de rescate. Scott interrumpió mi ensueño con dos simples palabras.

—¿De veras?

—Seguro, si te caes, caemos juntos; te lo prometo. ¿Quieres que salte?

¿Qué estaba diciendo? Volví a escuchar el *tun, tun, tun;* pero más rápido. O quizás era el latido de mi corazón.

Sus ojos se fijaron en los míos. Él quería creer en mí. Entonces, Scott soltó la soga en un abrir y cerrar de ojos, agarró mi mano y saltó hacia mí. Lo jalé hasta la plataforma. Su rostro brillaba; yo grité de alegría. Y, por supuesto, aliviado de no tener que saltar. En ese instante nos conectamos aun más. Mi hijo aprendió que podía contar conmigo, ya fuera para jalarlo hasta la plataforma o unirme a él en la caída. Confió en que estaría con él sin importar lo que pasara.

La necesidad de tener a alguien en quien confiar parece obvia cuando un niño de siete años está suspendido de los árboles en un desafiante curso de cuerdas. Sin embargo, la verdad es que esa misma necesidad existe para todos los niños mientras navegan por junglas del día a día. Los niños desean tener a alguien en quien confiar, porque la vida ofrece muchas oportunidades para sentirse desilusionados.

La necesidad de tener una mano a la cual aferrarnos

La evidencia de que la desilusión existe está a nuestro alrededor.

- De acuerdo con la información de los censos de los Estados Unidos, uno de cada tres niños vive en un hogar sin uno o ninguno de los dos padres[1].
- Un estudio de la Universidad de Hofstra demostró que el cien por ciento de los niños escuchan nombres hirientes en la escuela o el vecindario[2]. Eso incluye a mis hijos y a los de usted.
- La Asociación Nacional de la Salud Mental estima que la depresión afecta a tantos como uno de cada cinco adolescentes y se presenta como la tercera causa de muerte entre los jóvenes[3].
- Hace poco nuestro ministerio para niños hizo una encuesta en la cual pedíamos a cientos de niños de hasta doce años de edad que escribieran la pregunta más importante a la que se enfrentan. El cuarenta por ciento mostró confusión con la violencia que ven o experimentan. Otro cuarenta por ciento se cuestionaba acerca de la falta de fiabilidad en la familia, la escuela o los amigos.

Los niños se sienten inestables y quieren desesperadamente agarrar una mano confiable, más de lo que los adultos pensamos. Cuando creen que pueden contar con usted, es posible contagiarles esperanza y estabilidad a los niños que le rodean, sin importar las circunstancias.

Una vez, mientras nadaba en el mar, una ola tumbó a mi hija que en ese momento tenía cinco años. La fuerte corriente no le permitía salir a la superficie, la arrastró hacia la orilla y luego comenzó a jalarla hacia dentro del mar. Al pasar a mi lado en dirección a alta mar, miré hacia abajo y vi sus ojos completamente abiertos mirándome. Tuve la impresión de que estaba sonriendo. Al agarrar su pequeño brazo, sentí cómo la adrenalina y los instintos recorrían rápidamente mi cuerpo. La subí a mi hombro y con voz temblorosa le pregunté si estaba bien. Nunca olvidaré sus palabras cuando me dijo: «No me asusté. Sabía que estabas ahí».

Cuando la vida de su hijo pase por momentos difíciles, ¿tendrá motivos para no asustarse porque sabe que puede contar con usted?

Palabras definidas

Los niños lidian mejor con las situaciones difíciles cuando saben que pueden contar con un padre o un adulto cercano en los momentos buenos y malos. Pero, ¿contar con ellos para qué?

Para cuidarle. Todos conocen las exigencias de cuidar a un recién nacido. También sabemos que la intensidad con la que un padre cuida su hijo conlleva a que el niño se vuelva más autosuficiente. En contraste, su necesidad de que se preocupen por él o ella se mantiene en el mismo nivel.

Por ejemplo, a pesar de que un niño pueda requerir menos ayuda a fin de prepararse para la escuela, los padres serán lo suficientemente sabios para mantener un interés vivo en lo que sucede durante y luego de la escuela, tiempos en que los niños se enfrentan a la mayor cantidad de desafíos propios de los adolescentes, problemas y sufrimientos. Los padres sabemos que nuestros hijos deben aprender a afrontar las pruebas de la vida, pero no necesitan aprender esas lecciones solos.

«Tal vez no podamos hacer que sus problemas desaparezcan, pero aun la promesa de estar presentes y cuidarlos puede ayudar a amainar su sufrimiento», declaran los doctores en sicología Tim Clinton y Gary Sibcy en *Loving Your Child Too Much* [Ame mucho a su hijo][4]. Esta verdad se aplica tanto a los padres como a los adultos que trabajan con niños en la iglesia o en otros ámbitos.

Sin embargo, la cantidad de tiempo que un padre tiene que estar presente e interesado en la vida de su hijo le brinda una ventaja única por sobre los demás; pero solo cuando se usa deliberadamente. Scott Rubin, ministro director de jóvenes y niños en nuestra iglesia, aconseja a los padres a menudo acerca de cómo utilizar ese tiempo para mantenerse conectado con los niños mostrándoles preocupación constante por lo que está sucediendo en sus vidas. «A pesar de que su hijo pueda actuar como si no quisiera que le pregunte nada acerca de su vida, en realidad ocurre todo lo contrario», afirma Scott. «Su hijo necesita saber que alguien, especialmente usted, se preocupa».

Para estar presente. Es probable que la manera más poderosa de mostrar que usted se preocupa por su hijo y de establecerse como alguien en quien él o ella pueden confiar es estar presente. Sí, muchas veces nuestra vida personal y laboral hace que esto sea muy difícil. Aun así, los niños se dan cuenta y se entusiasman cuando mamá o papá aparecen.

Ya han pasado treinta y cinco años, pero todavía recuerdo cómo me sentía cuando veía a mi papá en mis partidos de baloncesto durante los días de semana mientras estaba en la escuela primaria. Tenía que salir antes del trabajo para poder estar allí; es más, era uno de los pocos padres que estaban en las gradas. No animaba demasiado fuerte; la que se ocupaba de eso era mi mamá. Pero su presencia en el gimnasio anunciaba claramente su fiabilidad y su apoyo.

Lo mismo sucede con la ayuda en las tareas de la escuela, las cenas familiares y la programación de horas libres durante los fines de semana. La sicóloga Madeline Levine dice: «Nuestros hijos se ven más beneficiados al nuestra "presencia" que con presionarlos a realizar otra actividad. Intente hacer una pausa. Casi siempre es en los momentos quietos y sin presión que los niños pueden profundizar y sacar a la luz los aspectos más delicados de su personalidad»[5].

Para apoyarlos. Después de graduarme de la universidad, listo para comenzar una carrera en los negocios, me tomó aproximadamente un año de trabajo descubrir que la vida implica rutina y repetición. Las actividades de ventas podían predecirse de acuerdo a las temporadas. Cada trimestre había que elaborar los mismos informes. Eso tenía un fuerte contraste con las dos décadas anteriores en las que cada año aprendía cosas nuevas, conocía amigos nuevos, encontraba nuevas maneras de causar problemas, aumentaba el número de mi calzado, y había cambios constantemente. Aunque la vida de los adultos puede parecer rutinaria, el mundo de los niños está lleno de imprevisiones.

Ellos ansían tener a alguien que se pare a su lado como una constante en medio de todos estos cambios.

Mi amigo Len vio que su hijo Joey se enfrentaba a muchos desafíos nuevos cuando entró al primer año de la escuela secundaria, con muchos más por venir. De modo que Len decidió escribir un poema que describía el apoyo incondicional que Joey podía esperar de su padre, el tipo de apoyo que todo niño desea tener de su papá o su mamá. A pesar de que Len no puede ser calificado como un poeta profesional, en este caso la poesía sirvió como el vehículo perfecto para transmitir las palabras que quería expresarle a su hijo.

Siempre en su esquina

No importa cuál sea la batalla,
Sea grande o pequeña,
No importa a qué rival te enfrentes,
Sea de cerca o de lejos.
No importa qué probabilidades tengas de ganar,
O el riesgo que corras al pelear.
No habrá momento, tamaño o dificultad,
Que cambie mi posición.
Mi posición será siempre contigo,
A tu lado y paso a paso.
Mi posición será siempre para ti,
Ya sea en las buenas o en las malas.
A pesar de que no siempre podamos mirarnos a los ojos,
O estar de acuerdo en dónde aterrizarás.
Esto es algo con lo que puedes contar para siempre,
Que es en tu esquina donde yo siempre estaré.

Para comprender. Los niños necesitan con frecuencia que el padre deje de lado la tentación de instruirlo o darle consejos para simplemente compartir el momento que tengan: un momento que ofrezca una razón para animar, reír, llorar, y siempre para escuchar. Su hijo verá estas reacciones como expresiones tangibles de que puede contar con usted para que entienda las circunstancias con las que está lidiando.

Mi hija y yo disfrutamos de citas nocturnas que por lo general implican un postre. Una tarde pasamos la primera hora riendo y charlando de cosas sin importancia. Erin tiene un ingenio que me hace reír siempre. Luego comenzó a describir una situación difícil a la que se estaba enfrentando con una amiga y pronto sus ojos se llenaron de lágrimas mientras me expresaba su dolor. Cuento esa hora como una de las más importantes que he pasado con mi hija, a pesar de que probablemente yo haya dicho menos de una docena de palabras, de las cuales ninguna fue instructiva. Lo más importante fue que la miré a los ojos mientras alejaba a la muchacha que nos servía. Erin necesitaba alguien que la escuchara sin que nada la distrajera. En nuestro viaje de vuelta a casa me dijo: «Gracias por escucharme. Ahora me siento mucho mejor».

> Mejore en cuanto a cumplir con su hijo.

A veces las palabras que los niños realmente necesitan escuchar son aquellas que les dicen a un padre que está dispuesto a oírles.

En otros momentos es importante saber cuándo alejarnos. Durante seis años dirigí los equipos de baloncesto de mi hijo, pero todo eso cambió cuando llegó al séptimo año. La noche antes de su primer partido anuncié el comienzo de una era nueva. «Ya no soy tu entrenador; ahora soy tu porrista, y el más entusiasta de todos». Recuerdo lo fantástico que era tener un papá que me alentaba; ahora Scott sabía que yo entendía lo que él necesitaba... y que me había dado cuenta de que bastaba con un entrenador.

Para cumplir con nuestra palabra. Si solo puede estar de acuerdo con una actividad de todo este capítulo, le recomiendo que mejore en cuanto a cumplir con su hijo. Ya se trate de algo grande o pequeño. A largo o a corto plazo. ¿Por qué? Porque a pesar de que pueda disparar cuatro cuadrangulares, puede perder el partido si usted no cumple con su palabra.

En una encuesta realizada en nuestra iglesia a ciento setenta y cinco niños de edad escolar de cuarto y quinto grados, solo el cuarenta por ciento expresó que sus padres cumplían «siempre» con su palabra. Más llamativo aún es el hecho de que el veinte por ciento afirmó que sus padres no cumplían «nunca» o solo «a veces» con su palabra.

Esta información confirma un problema. ¿Por qué? Porque los niños necesitan la estabilidad de poder creer que tienen padres de los que pueden decir que «siempre» cumplen con su palabra. Esos padres parecen difíciles de encontrar, aun en la iglesia.

Todos hemos escuchado acerca del padre divorciado cuyos hijos miran el reloj y se llenan de desilusión porque otra vez están llegando tarde, o de la madre que con frecuencia encuentra otras prioridades en «su» fin de semana con los niños. ¿Y qué hay de los hogares en los que el padre o la madre están más comprometidos con el trabajo que con la cena en casa?

El periódico *Wall Street Journal* informó que menos de uno de cada tres niños cena con ambos padres[6]. A pesar de que pueda sentirse tentado a pensar que la cena familiar es una institución pasada de moda como las tiendas de soda y los bailes informales antes de comer, considere esto: el mismo artículo del *Journal* citó estadísticas del Centro Nacional de Adicciones y Abuso de Sustancias que demuestran que los adolescentes de esas familias que casi nunca cenan juntas tienen un setenta y dos por ciento más de probabilidades que un adolescente normal de utilizar drogas ilegales, fumar cigarrillos y consumir alcohol.

Mi madre tenía razón: Nunca faltes a una comida. Es gracioso, yo pensaba que ese dicho solo se aplicaba en la niñez.

Para asegurarse de que su hijo le dé el mayor puntaje, comience por cumplir su palabra como la primera de dos estrategias para ayudar a comunicar el mensaje que dice: «Puedes contar conmigo».

El uso de las palabras. Dos decisiones que cualquiera puede tomar

Comprometerse y cumplir

La fórmula para cumplir con la palabra que les dimos a nuestros hijos es fácil de plantear y a veces difícil de seguir: Tome las decisiones difíciles. Una compañera de trabajo llamada Marta describe la realidad de lo que sucedía en su familia.

> Las decisiones que tomen los padres pueden aprobar o socavar el mensaje «Puedes contar conmigo».

Durante sus veinte años como madre hizo cientos de actividades con sus hijos. Con una trayectoria tan brillante, hace tiempo que aprendieron que pueden confiar en que Marta cumple con lo que dice. Pero el camino a esa reputación no siempre fue placentero ni fácil de seguir.

Hace poco, su hijo Jordan tuvo un torneo de béisbol a seis horas de distancia. El mismo fin de semana, Marta tenía la oportunidad de participar en un programa especial de la iglesia que había escrito, al cual asistirían cerca de quince mil personas. En otras palabras, una gran oportunidad para potenciar su carrera.

Asimismo, seis partidos en dos días lucían como un fin de semana que le permitiría a su hijo de catorce años de edad destacarse. Tenía que decidir, ¿su actividad o la de su hijo?

Una noche luego de la cena, Jordan le dijo:

—Mamá, puedes quedarte en casa el fin de semana si quieres. Sé que esto es importante para ti.

—Sí, Jordan, lo es. Pero no es tan importante como verte a ti jugando béisbol —respondió Marta.

«Nunca olvidaré la sonrisa que le produjo saber que lo elegí a él» agrega ella un año después.

En ese momento tan dramático para el chico, esa madre se percató de que el fruto de esa brillante trayectoria de compromisos era que su hijo supiera lo importante que es para ella; no solo basándose en lo que ella dice, sino también en lo que elige.

Las decisiones que tomen los padres pueden aprobar o socavar el mensaje «Puedes contar conmigo». En este ejemplo, Marta tomó una buena decisión en una situación difícil. Acepto que no todas las circunstancias ameritan una decisión tan trascendental. Los niños definitivamente deben aprender que todos los miembros de la familia se sacrifican unos por otros, no solo la mamá y el papá. Y en muchas ocasiones los padres afrontan decisiones de menor escala.

Mi esposa Becky obtiene notas altas en esta área. Que yo sepa, nunca dejó pasar una oportunidad en la que se suponía que tenía que estar con nuestros hijos o los de los demás. Y no porque le sobrara el tiempo. Entre su trabajo, su programa de voluntaria, la iglesia, los círculos sociales y su función de controlarme, está bastante ocupada. No obstante, es muy sabia en cuanto a con qué se va a comprometer; y entonces hace de esos compromisos su prioridad.

Todos podemos incrementar nuestra confiabilidad haciendo solo con aquellos compromisos que estamos determinados a cumplir; y luego convirtiéndolos en nuestra prioridad.

Este principio también se aplica a los adultos que trabajan con niños en la iglesia. Si usted es un maestro de escuela dominical o un líder de grupo de niños, puede incrementar de manera drástica el impacto que tiene en la vida de los niños siempre que responda.

Acepte después de pensarlo bien cualquier rol que asuma; luego pruébeles a las personitas que le admiran que pueden contar con usted. Los voluntarios que laboran en el ministerio de nuestros hijos que ven la mayor cantidad de cambios en los niños con los que trabajan son los mismos que tienen los patrones de asistencia constante.

Es típico que cuando no se cumple la palabra dada a los niños es porque el padre (u otro adulto importante en su vida) permite que la vida reorganice sus prioridades. No estoy diciendo que ignore su propia existencia para servir a sus hijos las veinticuatro horas del día. A lo que me refiero es a que cuando usted se comprometa a ir a algún lugar o a hacer algo con sus hijos, no permita que «algo mejor» se presente y cambie sus planes.

Es probable que duela ver eso publicado, pero sus hijos sinceramente no lo entienden cuando usted no cumple su palabra. Seguro, el hijo o la hija pueden actuar como si no les importara que no fuera capaz de ayudarlos con su tarea a pesar de haber dicho que lo haría. No se engañe. Él o ella esperaban su ayuda, se preguntaban cuándo llegaría y en algún punto se resignaron a la desilusión de que les falló. No hay excusa que borre esa experiencia.

La cara buena de la moneda es que cuando compruebe que es fiable, sus hijos se deleitarán. Además, su ejemplo los ayudará a desarrollar sus propios hábitos de cumplir con su palabra.

Asociarse con los niños en sus actividades

Al jugar, trabajar y aprender con un niño, usted muestra un interés genuino en él o ella, una cualidad maravillosa para que los niños cuenten con usted. En efecto, quizás tengamos cerca a los expertos que pueden enseñarnos mucho sobre este tema.

Los abuelos que tienen relaciones estrechas con los niños, los líderes de los grupos infantiles de la iglesia que disfrutan de buenas relaciones con sus equipos, y esa asombrosa líder de los Boy Scouts a quien todos aman, comparten un ingrediente secreto: no se remiten a ver cómo se divierten los demás, sino que se unen a ellos con gran entusiasmo.

¿Qué lección podemos aprender de ellos? A veces necesitamos crear las actividades, otras simplemente necesitamos dar un salto al mundo de los niños. Advertencia: se requiere esfuerzo.

¿Quiere establecer una relación con su hija? Juegue con ella. Si tiene tres años, agarre una muñeca, pídale consejos en cuanto a cómo jugar y entre a su mundo ficticio. Si tiene trece años, agarre una raqueta de tenis y vayan a una cancha. Solo asegúrese de resistir la urgencia de corregir sus golpes y convertir ese tiempo en una lección. En ambas situaciones enviará el mensaje «Puedes contar conmigo para divertirnos». Uno nunca sabe cuándo la conversación intrascendente puede llevar a un momento que nos llene el corazón.

Un padre de nuestra iglesia llamado Greg aprovechó una de esas oportunidades con su hija de once años debido a sus deseos de invertir el tiempo suficiente para sostener una conversación. «A Megan y a mí nos gusta remar en canoa por el río», explica. «Hace poco, en uno de esos viajes nuestra conversación se profundizó, realizada por mi pro-

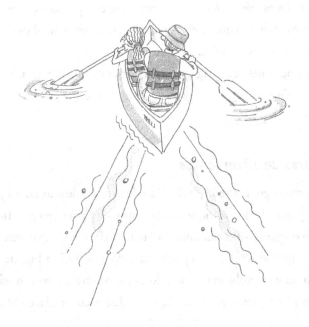

mesa de siempre estar presente con ella, a pesar de que a medida que madura tenga que darle más y más libertades».

La vida incluye mucho más que muñecas, partidos de tenis y aventuras en canoa; entonces, ¿qué sucede cuando las situaciones son todo excepto divertidas? Mi amigo y mentor Dick decidió prepararse para esos momentos asegurándoles a sus hijos que podían confiar en él y en su esposa cualquiera fueran las circunstancias. «Se enfrentarán a muchas decisiones, y nosotros estaremos a su lado cuando tomen las buenas o las *malas*», les dijo.

Dick comenta: «Aunque la mayoría de las veces tomaban buenas decisiones, a veces aceptaban nuestro ofrecimiento. Compartíamos su sentimiento ante algunas de las consecuencias y precios que tenían que pagar. En ese momento la prueba estaba en nuestra presencia, más que en nuestras palabras. no obstante, aprendieron que podían contar con nosotros en los momentos buenos y en los malos».

Sí, para ser buen padre es necesario pagar una gran cantidad de precios. La conocida periodista y autora Betsy Hart describe esta realidad en *Sin miedo a educar*: «Tenemos que comprender el precio. No me refiero al dinero que cuesta criar a nuestros hijos, ni al tiempo. Me refiero al costo personal de invertir en sus vidas»[7].

El compromiso que haga para participar de forma activa en la vida con sus hijos puede terminar siendo la mejor inversión que pueda hacer.

Palabras de advertencia

Sin embargo, existe la posibilidad de invertir de más en los pequeños al punto de que sofoquemos su capacidad para crecer y florecer. Es típico que eso suceda cuando las mamás y los papás ven su rol como uno que implica arreglarles la vida a su hijo o hija de modo que no tengan problemas. Cuando eso se vuelve un patrón, el daño a largo plazo puede empañar la serenidad a corto plazo. Madeline

Levine indica: «Los padres que están continuamente interviniendo por sus hijos en lugar de apoyar los intentos de ellos por solucionar los problemas, interfieren con la tarea más importante de la niñez y la adolescencia: desarrollar un sentimiento de autosuficiencia»[8].

Los niños que creen que no deben obedecer las reglas de otros adultos, muestran poca preocupación por las consecuencias de su comportamiento y evitan buscar la solución a los problemas, son una fiel señal de involucramiento excesivo. Estos niños esperan a su mamá o su papá. Una señal preliminar: no tienen deseo alguno de recoger sus pertenencias ni de arreglar los desórdenes que hayan causado. Si quiere corroborar la confiabilidad de esos indicadores, pregúnteles a los maestros de escuela o los trabajadores de los ministerios infantiles

Los niños también pueden aprender a confiar en las cualidades descaradamente negativas de sus padres: controlar, gritar, desilusionar, avergonzar, la lista podría abarcar varias páginas. Desafíese considerando en qué pueden sus hijos confiar en usted ahora mismo: en lo positivo o lo negativo. Por supuesto que nadie es perfecto. Aunque nadie esté evaluando sus esfuerzos como padre, todas aquellas ventajas y desventajas se acumularán hasta alcanzar una medida de confiabilidad —buena o no tan buena— de acuerdo a sus hijos.

En nuestro ministerio de niños es algo típico que los padres recojan a sus hijos quince minutos después de que termine el servicio principal de la iglesia. Un domingo en la mañana, dos niños se quedaron en el área infantil de cuatro años de edad unos quince minutos más después que todos los demás se fueran. Mientras jugaban juntos para pasar el tiempo, uno de los pequeños le preguntó al otro: «¿Tu mamá también te deja "esperando siempre" como la mía?».

¿Palabras tiernas? Seguro. Pero también una clara señal de que ese niño aprendió a contar con algo negativo de su mamá. Al ir creciendo, es posible que ese niño no recuerde las razones específicas por las cuales cree eso acerca de ella, pero su creencia será fuerte y segura. ¿Qué quiere que crean sus hijos acerca de usted?

Mi amigo Dave se hacía la misma pregunta. «Traté de preguntarles a mis hijas si alguna vez les había dicho que creía en ellas o que podían contar conmigo», dijo. «Ninguna pudo recordar algo en particular. Está bien, porque lo que importa es ayudarlas a lograr tener confianza en sí mismas. Cuando creen en ti y saben que realmente pueden confiar en ti, serán capaces de hacer cosas asombrosas».

Sin embargo, aférrese a la esperanza de que más tarde en la vida un hijo o una hija recordarán que usted tuvo mucho que ver con la confianza que tienen. Por ejemplo, antes de irse a la universidad, Jamie les escribió una carta a sus padres, una carta llena de palabras que todo padre ansía escuchar:

Estando aquí sentada intento de poner en palabras lo que está pasando por mi mente mientras trato de despedirme. ¿Cómo podría despedirme de esas dos personas que

siempre estuvieron a mi lado, sin importar lo que sucediera en la vida, que me amaron incondicionalmente en los momentos buenos y en los malos?

Quiero agradecerles por apoyarme siempre, aun cuando al principio no estaban de acuerdo conmigo. Quiero agradecerles por edificarme siempre, aun cuando no quería escuchar lo que tenían que decirme. Quiero agradecerles por ofrecerme su hombro para llorar aun cuando ni siquiera sabía por qué estaba llorando. Quiero agradecerles porque siempre oraban por mí cada día, sabiendo que Dios cuidaría de mí cuando ustedes no pudieran. Quiero agradecerles por haberse quedado despiertos hasta altas horas de la noche, solo para escuchar a mi corazón. Quiero agradecerles por las risas y por todos los buenos momentos que compartimos. Quiero agradecerles por darle prioridad a mi vida antes que a la suya.

Con amor, siempre, su hija.

Jamie

P.D. No se preocupen, seguiré yendo a casa a usar su teléfono, lavar mi ropa, comer su comida y pedirles dinero... ¡todavía no se han librado de mí!

Los padres de Jamie produjeron una gran impresión en su vida como resultado de una gran cantidad de pequeñas decisiones de mantenerse al lado de ella. Nuestro Padre divino articula claramente su compromiso de mantenerse a nuestro lado. Podemos tomar esas palabras como el mayor ejemplo de compromiso paterno. «Dios ha dicho: "Nunca te dejaré; jamás te abandonaré"» (Hebreos 13:5). Su mensaje para nosotros es: Pueden contar conmigo.

Enviémosles el mismo mensaje a nuestros hijos.

GRAN PREGUNTA # 2

«¿Cree mi hijo que puede contar conmigo?».

Cuando hay confianza en el padre y la madre, el salto a confiar en Dios se vuelve un paso más fácil de dar para los niños.

«Te aprecio»

Porque te amo y eres ante mis ojos precioso y digno de honra.

Isaías 43:4

Martha Graham, iniciadora de la danza moderna en Estados Unidos, dijo una vez: «La danza es el lenguaje oculto del alma»[1]. Algunos padres ven a sus hijos en los recitales y creen verdaderamente que el lenguaje está muy bien oculto. Sin embargo, yo no lo creo. Fácilmente admito que mi corazón da brincos cada vez que veo a mi hija actuando. Mi pulso también se acelera cuando recuerdo lo cerca que estuve de cometer un gran error en su primer recital de danza.

Las madres e hijas llegaron temprano a fin de darles suficiente tiempo a las pequeñas bailarinas para que se vistieran, se peinaran y se prepararan para el espectáculo. A los cuatro años, a Erin le encantaba el alboroto. Una hora después, mi hijo y yo llegamos para conseguir buenos asientos. Al llegar al parque de estacionamiento, noté a un padre saliendo de su auto con un ramo de flores. «Es raro, darle flores a su esposa en público, pero bueno, algunos tipos son más románticos que otros», pensé. Hasta me quedé pensando qué error podría haber cometido ese hombre que ameritara tanta disculpa. Mi sonrisa se desvaneció rápidamente cuando divisé a otros dos padres llevando rosas frescas. Ahí fue cuando caí en cuenta. El protocolo indica que las bailarinas reciban flores de alguien luego de su actuación. Y (¡oh, no!) ese alguien soy yo.

Así que Scott y yo fuimos en el auto hasta un almacén cercano y corrimos al puesto de flores. Vimos un ramo colorido a un precio razonable, lo agarré y nos dirigimos a la caja. Cuando estábamos parados en la fila para pagar, Scott me sugirió que escribiera algo en una tarjeta pequeña que acompañara las flores, de modo que pedí prestada una lapicera y durante unos minutos no supe muy bien qué escribir, algo típico en un padre que va a ver a su hija bailar por primera vez.

Tomé aire y pensé en lo emocionada que se sentiría, luego de meses de práctica, porque yo fui a verla bailar. Entonces, con tan solo unos momentos para que se me ocurriera algo, escribí dos simples oraciones: «Cuando te veo bailar, es como si estuvieras allí arriba bailando solo para mí. Me encanta ver cada movimiento que haces».

Las memorias de ese baile se esfumaron, pero recuerdo que me encantó. Y también recuerdo cómo brillaba su rostro cuando le entregué las flores mientras mi esposa le leía la tarjeta. El poder de ese momento se hizo obvio seis meses después, en la mañana de su siguiente recital, cuando me preguntó: «¿Vas a darme otra de esas tarjetas?».

El ramo rosa, violeta y amarillo brillante se vio opacado por el mensaje en blanco y negro que hablaba con un lenguaje profundo y oculto al interior de Erin. Se sintió apreciada.

Sentirse especial es importante

No le dije a Erin que era casi una Rockette (una danzarina profesional). Mi tarjeta tampoco decía nada acerca de la calidad de sus movimientos —después de todo, solo tenía cuatro años— ni que bailaba mejor que las demás. Al contrario, le comuniqué lo que pensaba tal como era, más allá de los logros, aclamaciones o aplausos. Si hubiera tropezado, no hubiese sido diferente. Mi pequeña estaba ahí bailando, y por un momento el tiempo se detuvo y no vi nada más. Mi nota, escrita apresuradamente, comunicaba con sinceridad lo que sentía mi corazón. Y eso conmovió el suyo.

Palabras definidas

Los niños ansían sentirse especiales, ese tipo de sentimiento que llega directamente del corazón de los padres. No como resultado de la actuación. No como resultado de la apariencia física. No debido a algo que pueda ganarse. Los niños necesitan sentirse queridos, apreciados, valorados o estimados —elija el término— por mamá y papá por el solo hecho de ser niños y dignos de aprecio.

Sin embargo, sentirse apreciados no puede ser —por ninguna razón en particular— un concepto difícil de entender para los niños. Después de todo, sus vidas están constantemente calificadas por notas, habilidades atléticas, diversas mediciones y una sociedad rendida a la creencia de que la belleza es lo mejor. Es una desdicha, pero es la realidad. Para combatir esa realidad los padres necesitan reforzar el mensaje «Te aprecio» por medio de dos técnicas clave: con toda intención y repetición.

> Los niños ansían sentirse especiales.

Mis amigos Todd y Barb utilizan porciones generosas de ambos ingredientes para asegurarse de que sus cuatros hijos crezcan sintiéndose apreciados; como hijos de padres y un Dios amorosos. El primer domingo de cada mes, su familia se une, prende una vela, y Todd bendice a cada uno de los niños. Uno por uno, cada niño y niña escucha palabras vigorizantes mientras su padre pone sus rostros en sus manos y los mira directamente a los ojos.

«A veces les hablo acerca del significado de sus nombres y cómo veo que eso se concreta en sus vidas», afirma Todd. «Otras veces me enfoco en las cualidades de un comportamiento que vi en ellos. Sin embargo, muchas veces simplemente les hago saber lo importantes que son para Dios, para Barb y para mí».

Siempre concluye con una bendición bíblica: «El Señor te bendiga y te guarde; el Señor te mire con agrado y te extienda su amor; el Señor te muestre su favor y te conceda la paz» (Números 6:24-26).

Mucho más que felicitaciones

Intentar convencer deliberadamente a un niño de que es digno de aprecio —sin utilizar calificaciones— puede implicar cierto desafío para los padres. Después de todo, estos están habituados a darles puntos a los niños porque muchas veces los pequeños dan buenas razones para elogiarlos. De todas formas, hay un mundo de diferencia entre los mensajes «Te felicito» y «Te aprecio».

Los mensajes de felicitaciones comunican apoyo; palabras lindas para escuchar mientras no sean las únicas. Los padres que solo ofrecen comentarios positivos por el rendimiento o la apariencia, sin quererlo pueden animar al niño a que se compare constantemente con los demás pequeños. ¿Por qué? Porque querrá saber si ha hecho lo suficiente para que lo noten; una perspectiva insana y egoísta que considera a las demás personas como potenciales competidores. Sin duda, una manera dura de atravesar la niñez.

Por otro lado, el mensaje atesorado comunica un sentimiento superior de aprecio; y los niños que se sienten apreciados tienen más probabilidades de apreciar a los demás. Fred Rogers dijo una vez: «Cada vez que les afirmamos a nuestros hijos lo especiales que son para nosotros por ser ellos mismos, estamos ayudándolos a que crezcan y sean adultos que se regocijen en la diversidad de las personas del mundo»[2].

Los padres pueden expresar el mensaje «Te aprecio» en una gran variedad de maneras y con una frecuencia constante, porque el mensaje no necesita esperar por razones nuevas. Lo único que se requiere es un padre con la determinación de hacer lo que es correcto, y que luego ponga en acción esa decisión. Examinemos varios ejemplos específicos probados.

El uso de las palabras. Tres estrategias fáciles

Simpleza

Al comunicarse con su hijo recuerde esto: cuanto más extenso sea el mensaje, hay menos probabilidades de que lo comprenda. Además, por un momento no piense que su hijo descartará su mensaje porque suene cursi o trillado. Para un niño, los mensajes simples y del corazón que se ofrecen continuamente penetran con profundidad y se vuelven parte de un sistema interno de creencias.

Bill Hybels, el pastor principal de Willow Creek, muchas veces cuenta sobre un breve ritual que disfrutaba hacer antes de ir a dormir cuando sus hijos eran pequeños. Le preguntaba a su hija: «Si pudiera alinear a todas las niñas del mundo y elegir a una sola, ¿sabes a quién elegiría?». Tantos años haciendo esa pregunta y dando la misma respuesta obvia también incluían la contestación de la niña: «¡A mí!». Bill describe la alegría que sintió un Día del Padre cuando abrió una carta escrita a mano que comenzaba así: «Si pudiera alinear a todos los padres del mundo...»[3]. Este ejemplo confirma cómo las palabras de un padre, dichas sistemáticamente a través del tiempo, se alojaron tan profundo en el sistema de creencias de una pequeña niña, que gracias a eso pudo expresarlas a los demás.

Los mensajes simples y alentadores también pueden dirigirse de otras formas. Jim y Sarah comenzaron a utilizar lo que ellos llaman «diario de almohada» con sus tres hijas, que tienen entre ocho y catorce años de edad. «Sarah o yo les escribimos mensajes especiales a las niñas», dice Jim. «La tarjeta puede ser corta o larga, pero siempre comunica ánimo, elogios y afecto».

Jim y Sarah deleitan a sus hijas cada vez que les dejan pequeñas tarjetas al lado de sus almohadas, las cuales encuentran —para su sorpresa— cuando se van a dormir o cuando se levantan. Las niñas se quedan con la tarjeta de la almohada hasta que están listas para enviarle una en respuesta a mamá o papá. Las cartas pueden contener cualquier cosa que sientan en su corazón en ese momento: preguntas, disculpas, palabras de amor o agradecimiento.

Este proceso continúa su ida y vuelta con cada tarjeta entregada y guardada como parte del diario. Jim y Sarah desean que algún día cada diario se llene por completo con muchos mensajes del corazón. «Queremos que nuestras niñas se lleven su diario de almohada cuando se vayan de casa para que siempre recuerden cuán amadas y valoradas son», declara Jim.

Las conversaciones antes de ir a dormir y las tarjetas del corazón sirven como grandes ejemplos de momentos de alto impacto. Es probable que piense en docenas de otras oportunidades para afirmar a sus hijos, muchas de las cuales requieren poco esfuerzo. Una vez a mi hija se le ocurrió un ejemplo de este tipo que me llamó la atención, uno que es posible que haya pasado por alto.

Por lo menos una vez al año le pregunto qué aspectos puedo mejorar como padre. Una pregunta riesgosa, pero que la hace sentirse valorada. En una de esas ocasiones me preguntó si quería saber algo que yo estaba haciendo bien.

—Seguro —respondí.

—Me gusta cuando me llamas cariño —me dijo.

—Pero si te lo digo todo el tiempo.

—Lo sé. Pero me gusta y quiero que lo sigas haciendo.

Como si fuera una alarma a las cinco de la mañana, sus palabras me despertaron a la realidad de que los niños pueden experimentar gran placer con un apodo especial y positivo. Le pregunté a varios niños cuyos padres los llaman por algún apodo divertido qué pensaban de esta práctica. Al igual que Erin, todos dijeron que los hace sentir especiales, que es la palabra código de los niños para expresar el hecho de ser apreciados.

Tiempo y atención

El doctor Benjamin Spock, famoso experto en el desarrollo de infantes, dijo una vez: «Quizás el niño que se mima demasiado piense en su destino y crea que está en el mundo para algo importante, lo que lo hace sentirse confiado y motivado»[4]. El tiempo y la atención que se le brindan a un niño han demostrado ser a lo largo de la historia dos maneras saludables de tratarlo y que no malcrían, sino que lo hacen sentir valorado.

Durante dos años organicé mi plan de trabajo para poder laborar como maestro voluntario de arte en la escuela de mi hijo y mi hija. No tengo una pasión ferviente por el arte; en efecto, tengo el toque artístico de una excavadora, lo que significa líneas rectas y no mucho más que eso. Y a pesar de que disfruto de ser voluntario, esa tampoco es la razón por la cual pasé una hora al mes enseñando a niños del jardín de infantes, primero y segundo grados acerca de las diferentes formas de arte. Mi motivo principal era hacer que mis hijos se sintieran especiales. Y funcionó. Ellos no recuerdan ni una lección que les haya dado; yo tampoco. Lo que recuerdan es que su papá tomó tiempo de su trabajo para ayudar en su escuela. Mis recuerdos tienen más que ver con sus ojos brillantes y sus grandes sonrisas durante la hora entera de cada visita.

Al final, su escuela contrató a un maestro de arte a tiempo completo. De modo que me convertí en asistente de biblioteca. Diferente aula; las mismas sonrisas y sentimientos atesorados. ¡Afortunadamente, todavía recordaba algunos conocimientos básicos del sistema de clasificación Dewey!

Los abuelos, los trabajadores del ministerio y los amigos de la familia pueden contribuir fácilmente a la buena crianza del niño. Por ejemplo, a mis hijos les encanta cuando mis padres o mis suegros van a ver un partido de Scott o a Erin cuando hace de porrista. Y no solo los parientes pueden unirse a ese juego: hace poco la cara de mi hijo se iluminó cuando nuestro director del ministerio para jóvenes asistió a uno de sus partidos de baloncesto; como hizo con cada uno de los jóvenes de nuestra iglesia, sin importar en qué equipo estaba. Si está en el ministerio, asista a los actos deportivos, los recitales de baile y otras actividades en las cuales su presencia pueda causar una gran impresión.

Además de invertir tiempo extra con sus hijos duante su vida, considere cómo organizará los momentos para darles una atención especial. Como mencionamos anteriormente, los niños ofrecerán muchas razones para celebrar su éxito. Ignorar esas oportunidades enviraría la señal de que usted, como padre, no está prestando atención a sus vidas; algo así como lo contrario al mensaje «Te aprecio».

Por tanto, el desafío se convierte en mostrar atención por los logros de una manera sana y memorable. Mi amigo y mentor Dick expresa una idea simple que puede causar una impresión profunda en la manera en que los miembros de la familia se felicitan entre sí. Él y su esposa lo llaman la vela de la victoria, y el concepto es tan fácil que cualquier familia puede utilizarlo.

Poco después de un logro especial y específico de alguien de la familia, inicie una comida con una vela encendida en el medio de la mesa. Apague las luces y levanten sus vasos con leche, té helado o lo que sea para brindar por la persona y su logro a la luz de la vela. Luego esa persona disfruta del honor de soplar la vela al final de la comida. Tome nota del acto en un diario especial para las victorias celebradas a la luz de una vela. A través de los años, las notas podrán incluir premios ganados, el primer diente que se le cayó al niño, metas de fe alcanzadas, logros académicos y deportivos, actos de valentía (lograr atravesar un curso de sogas tal vez) y hasta logros laborales.

Al crear un ritual modelo, todos recibirán la misma celebración. El resultado: la persona se siente personalmente festejada; el logro en sí quedará en segundo plano. Mucho después que se apague la vela, el calor de la atención recibida seguirá. Dick recuerda la mirada de su hijo —de unos veintitantos años— que fue de visita a casa con su prometida y se sentó en un sillón leyendo con emoción cada página del diario con su futura esposa, reviviendo los momentos y los recuerdos de cada vela de la victoria. Cuando eso se hace bien, el sentimiento de «Soy valorado» trasciende el tiempo.

Aunque la llama de la vela de la victoria brilla por los logros significativos, también existe la necesidad de mostrar un interés deliberado en la vida diaria de los niños. Por fortuna, esta no es una tarea difícil. Cuando termine este capítulo, mi familia se reunirá para cenar. No sé cuál es el menú, pero por lo menos conozco un tema del que hablaremos: uno por uno iremos hablando con los demás sobre cuál fue nuestra parte favorita del día. Con la atención que trae una pregunta, cada persona se siente importante.

Que siga siendo algo personal

Seguro, una vela de la victoria y una conversación durante la comida llamarán la atención general, pero la atención particular le ofrecerá un apoyo aun mejor a su mensaje. Cuando usted dice «Te aprecio» en un momento privado entre su hijo y usted únicamente, elimina mucho de la tentación a compararse con los demás. Un padre que invierte tiempo para crear recuerdos particulares y compartidos con un hijo o una hija les hace saber que ellos importan. Esos momentos no necesitan ser complicados ni llenos de acción. Se dan cuando el padre desarrolla el hábito de pasar horas —a veces haciendo cosas de rutina, o realizando actividades locas y divertidas— con solo un niño y nadie más. Solo ustedes dos.

Parece simple, ¿verdad? no obstante, al parecer muchos padres no pueden lograrlo. Por desdicha, cuando el momento privado y la interacción no se dan, tampoco lo harán las oportunidades de decir las palabras que los niños necesitan escuchar. Sin embargo, cuando lo hacen, la recompensa puede ser grande.

Eso es lo que descubrió Mike con su hija de veinte años, Katie. Desde su universidad, situada a varias horas de viaje, le escribió una carta con motivo del día de San Valentín que describía algunos de sus recuerdos favoritos:

Comencé pensando en cuando estabas construyendo la casita de juegos a la que me dejaste entrar antes de que estuviera terminada y mamá se enojó mucho. Y luego en todas las veces que jugábamos al béisbol en el patio trasero con el bate azul... Creo que una de las cosas que más extraño son nuestras citas por las noches. Recuerdo especialmente las veces que íbamos a la iglesia, el tema de los cincuenta y la fiesta en la playa donde me rompí el brazo... Si luego de leer esta carta vas a mi cuarto, todavía tengo el mensaje en el frasquito del collar colgado del costado derecho de mi espejo. Ve a fijarte.

Quiero agradecerte por todo. No podría haber pedido un papá mejor. ¡Estuve pensando en ti y en lo mucho que te extraño! ¡Te amo papá!

Katie

P.D.: No te olvides de la vez que nos caímos de la moto acuática, se me zafó el traje de baño y se me hinchó el labio, ¡ese fue un clásico!

Katie se siente apreciada por su papá, que pasó tiempo con ella en una gran cantidad de oportunidades. Como lo muestran sus palabras, Mike le probó su importancia durante los proyectos de construcción, los juegos de béisbol con el bate azul, las fiestas en la playa y los labios hinchados. Al igual que el mensaje en el frasquito del collar, los niños nunca olvidarán los recuerdos de su tiempo particular con usted.

Si ha multiplicado, debe dividir

Compliquemos esto por un momento agregando más niños. Ahora su desafío es crear una atención personal adaptada para cada niño, una sola medida no alcanza para todos. El sentido común dice que los niños no quieren recuerdos, momentos o mensajes heredados que le hayan visto usar con otros hermanos. Sí, usted necesita recortar las salidas personales para que todos puedan pasar tiempo con usted. Mi hijo y yo siempre hacemos deporte juntos. Mi hija y yo tenemos citas por las noches, comemos postres y visitamos librerías. Todos los veranos me voy de campamento con cada uno de ellos. Mi esposa también tiene su propio conjunto de actividades con ambos.

He visto padres de familias que incluyen a varios niños, cuyo itinerario de actividades se adapta al tiempo personal de cada niño con mamá y papá. ¿Cómo hacen para poder abarcarlo todo? Durante esta etapa en la vida de sus hijos, ellos están dispuestos a pasar menos tiempo involucrados en sus propias actividades. Su prioridad es asegurarse de pasar un tiempo valioso con cada uno de sus hijos.

¿Sacrificar rondas de golf? Sí.

¿Menos salidas nocturnas con los amigos? Claro.

¿Disminuir las horas de trabajo? Por supuesto.

¿Menos tiempo en la computadora trabajando en un libro? Ay, inclusive eso.

Para los padres que toman estas y otras decisiones difíciles, la razón de su cambio de prioridades queda clara; encuentran una gran alegría pasando tiempo con sus hijos. Al igual que Mike.

La palabra clave de esa fórmula es «alegría». Los niños sentirán si está realmente disfrutando su tiempo con ellos o no, tanto por la cantidad de tiempo que comparten como por la calidez que les brinda cuando están juntos. En *Loving Your Child Too Much* [Ame mucho a su hijo], los doctores Tim Clinton y Gary Sibcy, autores del libro, describen cómo interpretarán los niños tales momentos: «La calidez es un tono emocional. La puedes escuchar en la voz de alguien, verla en la expresión de su rostro y en las otras señales corporales. Lleva el mensaje: "Me gustas", "Quiero pasar tiempo contigo", "Quiero escuchar lo que tienes que decir" y "Te valoro". Probablemente conozcas personas a las que les falta calidez. Aunque no quieran hacerlo, envían el mensaje: "No me gustas" o "No tengo tiempo para ti"»[5].

La calidez comienza cuando francamente quiere pasar tiempo con sus hijos. Cuando ese es el caso, la temperatura tiende a ocuparse de sí misma.

Palabras de advertencia

Como sabemos, el exceso de algo bueno puede ser malo. Uno puede considerar que su hijo es su tesoro, pero llevado al extremo esto convertirá a su hijo en un ídolo. Usted puede evitar ese final indeseado si se mantiene al margen de frases que hagan afirmaciones irreales como: «Eres el mejor...», «El mejor en el mundo haciendo...», y otras declaraciones similares. Seguro, es posible que parezcan beneficiosas y positivas. No obstante, los niños ven a través de la exageración, mientras que otros padres que oyen sus alabanzas luchan con un reflejo nauseoso.

> Los niños ven a través de la exageración.

Por eso, busquemos un equilibrio sano para apreciar a nuestros hijos sin convertirlos en ídolos. Por ejemplo, al decirle a su hija que la elegiría a ella entre todas las niñas del mundo, está expresando palabras francas y apropiadas. Esa es una de las declaraciones que hay que conservar. Por otro lado, «Eres la mejor bailarina del mundo» se califica como una adoración hueca, no como una confirmación de lo preciosa que es ella para usted. De modo que esa afirmación hay que descartarla.

Me gusta el consejo de Betsy Hart en *Sin miedo a educar*, donde aconseja a sus lectores a aceptar el hecho de que la mayoría de los niños son maravillosamente comunes[6]. Hay cantidad de oportunidades para apreciar a los niños comunes.

A pesar de que se entienda sin que se diga, de todas formas necesitamos decirlo: con las palabras incorrectas puede hacer que esos sentimientos de aprecio desaparezcan rápidamente. Los comentarios derogatorios, los apodos negativos, las comparaciones críticas en los compañeros, los comentarios que subestiman, todo eso se califica como palabras que los niños no deberían escuchar nunca.

Todos hemos escuchado a un padre burlarse de su hijo o su hija en frente de otro y luego dirigirse al niño con la frase: «Oh, tú sabes que solo estoy bromeando». ¿Sabe qué? No lo sabe. En esos momentos, abandonará toda creencia de que su padre lo valora.

Por supuesto que el humor sirve a un propósito maravilloso en toda familia. Solo asegúrese de incluir a los niños en el gozo de la risa en lugar de habituarlos a emplear el sarcasmo.

Nos guste o no, los padres a veces necesitamos decir palabras fuertes que entrenen, corrijan y hasta disciplinen al niño. No tema, esas palabras no negarán los mensajes que dicen: «Te aprecio» (a menos que lo haga demasiado seguido). Es más, para amar verdaderamente a un niño se necesita forjar su carácter con palabras que los pequeños no quieren escuchar, balanceadas con aquellas que hacen crecer su corazón.

En el libro de Isaías, Dios nos enseña este equilibrio amoroso. En el capítulo 42 le muestra su disgusto a su pueblo. Sin embargo, no quiere que sus hijos se queden abatidos, por lo que en el capítulo 43 comienza con una transición clara y simple al consuelo: «Pero ahora...» Luego expresa hasta qué punto le importa su pueblo, motivado nada más y nada menos que su valor inherente: «Porque te amo y eres ante mis ojos precioso y digno de honra» (Isaías 43:4). Gran parte del capítulo 43 expresa el deseo de Dios de que su pueblo entienda y guarde en sus corazones un mensaje simple, pero profundo: Te aprecio.

Sigamos ese ejemplo.

GRAN PREGUNTA # 3

«¿Se siente mi hijo apreciado por mí en una manera sana?».

Algo importante a considerar, ya que cuando un niño se siente apreciado por un padre u otro adulto cercano, el paso a creer que es apreciado por Dios se hace mucho más corto.

«LO SIENTO, POR FAVOR, PERDÓNAME»

Confiésense unos a otros sus pecados.

SANTIAGO 5:16

Las horas pasaban más rápido de lo normal —o por lo menos eso parecía— lo que significaba que una reunión de trabajo estaba tomando más tiempo de lo planeado. Por lo general, eso no hubiese generado ningún problema, pero la próxima tarea de mi horario se estaba aproximando rápidamente: pasar a buscar a mi hija y a su amiguita del jardín de infantes para llevarlas a casa. ¿Debía irme de la reunión o atrasar mi tarea de llevar a las niñas de vuelta a casa? Es solo un viaje de tres minutos, razoné. La reunión continuaba.

Llegué al estacionamiento de la escuela veinte minutos tarde. El miedo comenzó a invadirme cuando no vi a Erin en el punto de encuentro. Presa del pánico, entré corriendo a las instalaciones. Mi presión sanguínea y el nivel de adrenalina solo se calmaron cuando la escuché decir: «Ya llegó».

Por fortuna, la escuela de mi hija enfatiza la seguridad y no permite que los niños del jardín de infantes esperen afuera mucho tiempo. Por desdicha, hacen que los niños cuyos padres tardan en ir a buscarlos esperen en la oficina de la escuela, lo que significa que tenía que encontrarme con el director. Luego de firmar el acta de los padres que llegan tarde, ruborizado y arrepentido de mi decisión anterior, el incidente se dio oficialmente por concluido.

¿O no?

Traté de explicar mi tardanza mientras caminábamos hacia el auto. «Manejé muy rápido para llegar», dije. Mi hija se quedó en silencio.

Luego agregué: «Me asusté mucho cuando no te vi». Más silencio.

Intenté una vez más: «Estoy muy feliz de que estés bien». Nada todavía.

Excepto por mi verborrea nerviosa y sin sentido, el auto estaba completamente en silencio.

Después de dejar a su amiguita en su casa, hice un último intento por iniciar una conversación. «Erin, tenía una reunión importante que terminó muy tarde. La verdad es que no podía irme».

«Papá, llegaste *tarde*», dijo con una sequedad que estoy seguro que la sacó de los genes de mi esposa.

Aún mojado del sudor a causa de mi carrera en el estacionamiento, me inundó un descubrimiento sombrío. Su resumen de la situación era más importante que mis excusas. Rompí el silencio con una declaración sencilla: «Tienes razón, lo siento, perdóname, por favor».

Con una sonrisita casi imperceptible, me dijo: «Está bien». Y con esas dos palabras terminó el episodio... desde su perspectiva. Sin embargo, desde la mía no.

Esa mañana Erin me enseñó una valiosa lección. Específicamente, aprendí el valor de pedirles perdón a mis hijos. No solo de ofrecer un displicente: «Perdón por eso», sino de expresar un arrepentimiento auténtico. El impacto de esas palabras se reflejó en su pequeña sonrisa, una breve muestra de lo que probablemente pensó (traducido para que los adultos lo entendamos): *Mi genial papá le acaba de pedir disculpas a una pequeña niña preescolar. Yo, sí, la niñita. Se siente bien cuando alguien te dice: «Lo siento»*.

¿Qué se siente?

En la mente de todo niño, una conclusión como esa paga dividendos a largo plazo. He aquí el porqué: el niño desarrolla la habilidad de pedir perdón de manera auténtica cuando sabe lo que se siente al recibir una disculpa. La fuente de esa lógica es la Regla de Oro. «Traten ustedes a los demás tal y como quieren que ellos los traten a ustedes» (Mateo 7:12). Reemplace la palabra «traten» por «perdonen» y lo entenderá.

Por supuesto que la lección aprendida aquí tiene que ver con el respeto. Por lo general, cuando surge este tema, uno se enfoca en que los niños les muestren respeto a los adultos. Y en realidad el que nuestros hijos sean respetuosos con los mayores es un comportamiento que deberíamos esperar; eso no se discute. Sin embargo, necesitamos una discusión más amplia. Ayudemos a los niños a que aprendan cómo se siente el respeto apropiado y luego confiemos en que ellos, a cambio, les muestren el mismo respeto a los demás. El famoso autor y comentarista social James Baldwin expresó el fundamento de tal fe cuando escribió: «Los niños nunca fueron demasiado buenos para escuchar a los mayores, pero nunca han fallado en imitarlos»[1].

Entonces, si el mensaje «Lo siento, por favor, perdóname» tiene tanto valor, ¿por qué a muchos padres les cuesta tanto decir esas palabras? La sicóloga infantil Chick Moorman explica: «Algunos padres temen que pedir perdón y reconocer que cometieron un error disminuirá su autoridad»[2].

Mamá y papá, la verdad es totalmente lo contrario. Moorman continúa con su explicación. «La auténtica autoridad fluye del respeto, y las disculpas sinceras promueven la conexión y la confianza que se necesita para evolucionar de manera amorosa»[3]. Lea esa oración de nuevo

> ¿Por qué a muchos padres les cuesta tanto decir esas palabras «Lo siento, por favor, perdóname»?

—mejor en voz alta— y luego deje que el pensamiento penetre por un momento. ¿Puede imaginarse respetando a alguien a quien no pueda pedirle perdón? Sus hijos tampoco.

Palabras definidas

Las disculpas sinceras requieren esfuerzo, sobre todo cuando llevan incluido un pedido de perdón. Una vez que considere el resultado, encontrará esa combinación digna de un intento: a través del tiempo, el proceso de las disculpas y el perdón se volverá valioso y normal para el niño. De modo que esfuércese un poco y hágalo.

¿Hacer qué específicamente?

Humillarse

Por fortuna, hay suficiente entrenamiento sobre este tema. En su libro *Eduque hijos respetuosos en un mundo irrespetuoso*, Jill Rigby nos ofrece a los padres el primer paso para una disculpa sincera: «Cuando cometas errores, pídeles perdón a tus hijos. El nivel de respeto que te tienen aumentará hasta el infinito una vez que estés dispuesto a ser humilde y pedirle perdón a tu hijo cuando hayas cometido un error. Y para seguir tu ejemplo, tu hijo hará lo mismo por ti»[4].

¿Entendió el punto inicial clave? La humildad. ¿Cree que es un punto trivial? Piénselo de nuevo.

Rechace la necesidad de humillarse —la habilidad de reconocer cuándo ha cometido un error— y disminuirá el impacto de cualquier intento por disculparse, porque probablemente solo lo haga cuando esté arrinconado. En esas situaciones, toda la sinceridad contenida en las palabras «Lo siento» desaparece porque son forzadas, no francas. Al fin desaparecerán por completo de nuestro vocabulario. Y en algún momento, puede estar seguro de que sus niños experimentarán la misma regresión. Ese es un camino caro para transitar cuando ser humilde no cuesta nada.

Sin embargo, es un precio previsible. Los doctores Tim Clinton y Gary Sibcy brindan una explicación sensata: «Los niños tienden a tratar a las personas de la manera en que los tratan a ellos»[5]. Parece una tendencia humana torcer la Regla de Oro para que diga: «Haz a los demás lo que te han hecho a ti». Si alguna vez observa a algún joven luchando más que otros para pedir disculpas, recuerde esta discusión.

La humildad que necesitamos viene de una simple verdad: todos se equivocan y tienen razones para pedir perdón. Incluso los niños. Cuando vea la vida con una nueva perspectiva, convencido de su falibilidad, lo siguiente será una actitud humilde. Sin embargo, no se vuelva arrogante con relación a eso.

No ponga excusas

Cuando usted era niño, ¿alguna vez escuchó a su mamá o a su papá decirle: «¡No quiero que me des excusas!»? Estoy seguro de que lo escuchó. ¿Alguna vez ha dicho esas palabras como padre? Yo estoy seguro de que sí. ¿Se justifica con frecuencia en vez de simplemente decir: «Lo siento, por favor, perdóname?». ¡Seguro que lo hago! Un mundo que supuestamente se opone a las justificaciones, en realidad parece estar lleno de ellas.

Imagínese que la excusa es como un camión con un remolque y la disculpa es un auto de cuatro cilindros. Ahora, enganche el remolque al auto y pise el acelerador para avanzar. ¿Qué sucede? No puede hacerlo. El remolque le roba la potencia al auto, los neumáticos chillan y enseguida siente olor a goma quemada.

Las excusas le quitan potencia a las disculpas de una manera similar. Piense en los momentos en que escucha a las personas decir: «Lo siento», pero luego justifican lo que hicieron. Los políticos han hecho de eso un arte. No obstante, cuando las personas comunes lo intentamos, el cuadro que se pinta es bastante desagradable, porque nos

hace lucir como si en realidad no estuviéramos nada arrepentidos. Cuando escuchamos tales explicaciones de parte de otro, entrecerramos nuestros ojos y pensamos: «No importa. Estás tratando de sacar algo. Pasemos a otra cosa».

No obstante, los niños aprenden que pueden evitar las fallas si comunican lo suficiente las circunstancias atenuantes. De modo que llegó el momento de desenganchar el remolque.

Antes de esperar que mi hijo diga: «Lo siento» sin razonarlo, debo asegurarme de que mis propias disculpas fluyan libremente. ¿Soy un padre «que no da excusas» en cuanto a mis propias acciones? ¿Lo es usted? Recuerde que los niños tratarán a los demás como los tratan a ellos.

En su libro *10 Conversations to Have with Your Kids* [Diez conversaciones que sostener con sus hijos], Shmuley Boteach describe una conversación con sus hijos en la que elevó de manera significativa su práctica de no dar excusas: «No hay excusa, nunca, para que un padre pierda los estribos, no hay excusa para que levante la voz. Me doy cuenta de que en tales momentos les he fallado como padre, por lo que les estoy pidiendo que me perdonen»[6]. Es muy probable que sus hijos e hijas recuerden ese momento por años.

Además de recordarlo, es posible que incluso traten a los demás de una forma similar. Después de todo, es típico que la habilidad de disculparse y pedir perdón sea transmitida de un padre u otro adulto cercano que moldea tal comportamiento. ¿Aceptará este importante rol? Ya sea madre o padre, abuelo o abuela, trabajador laico o vecino, busque la manera más eficaz de comunicar el mensaje «Lo siento, por favor, perdóname».

El uso de las palabras. Cinco lecciones sensatas

Por años, mi amigo Joe me contó acerca de su deseo de ser un papá que pudiese reconocer libremente sus errores y pedir disculpas.

La oportunidad le llegó en un momento inoportuno, una mañana inusualmente difícil mientras su hija que estaba en tercer grado, Torri, se preparaba para ir a la escuela. La indecisión en cuanto a qué ropa ponerse, la tardanza metiendo las cosas en su mochila, el hecho de que olvidara lavarse los dientes, todos los desafíos a los que se enfrentaban cada mañana frustraban a Joe, por lo que su comportamiento tierno desaparecía. Para el momento en que la dejó en la escuela a las 8:25 de la mañana, Joe admite que se sentía enojado y frustrado con ella. Fue la primera vez que recuerda que Torri se bajó del auto sin sostener ninguna conversación, hacer ninguna oración ni darle su típico abrazo. Ni siquiera hubo un adiós; solo un portazo.

Al ir pasando la mañana, Joe se fue dando cuenta de que el verdadero problema había sido cómo lidió con la situación, mostrándose impaciente y cruel. Preso de la idea de que tenía que hacer algo, Joe se fue del trabajo y condujo de vuelta a la escuela. Una vez allí le pidió a la recepcionista que llamara a su hija. Un rato después, Torri llegó a la oficina.

Joe la llevó a un banco en el pasillo para hablar en privado. Ya sentados, reconoció claramente ante ella su impaciencia y su crueldad, y lo hiriente que habían sido sus palabras. Luego le dijo: «Perdón por no haberme comportado como el padre Jesús quiere que lo haga».

> Si la frase «Debería pedir perdón» les viene a la mente, hagan algo; ese que está hablando es su corazón.

La reacción de Torri a sus disculpas lo tomó por sorpresa. Una gran sonrisa se extendió en su rostro. Lo abrazó por el cuello y exclamó: «¡Eso es genial!».

«Confesar mis errores y pedirle perdón resultó ser uno de esos momentos que quedará por siempre en nuestros corazones», afirma. Siete años después, ambos recuerdan ese momento vívidamente.

Tres lecciones de Joe

Al analizar más la historia de Joe vemos tres lecciones que podemos rescatar de lo que hizo bien. Primero, se disculpó basándose en un deseo auténtico del corazón. Muchos padres, y me incluyo, ignoran tal deseo porque están muy ocupados. Si la frase «Debería pedir perdón» les viene a la mente, hagan algo; ese que está hablando es su corazón.

Segundo, Joe actuó a tiempo. Salir del trabajo y sacar a una estudiante de su clase puede parecer exagerado para algunos. Pero considere por un momento cuánto impacto hubiese tenido la misma disculpa ocho horas después, luego de que Torri pasara todo el día en clase riendo y jugando con sus compañeras. A veces una disculpa llega demasiado tarde como para causar una buena impresión.

Tercero, Joe habló de manera clara y precisa. Con palabras limitadas reconoció que fue impaciente, cruel e hiriente. Tras la disculpa rápida y conmovedora, hizo una pausa y se esforzó por resistirse a la urgencia de ofrecer excusas. Su decisión de terminar en ese punto preservó el poder del momento.

Manténgalo breve

Ah, qué fuerte es la tentación de seguir hablando después de decir la palabra «perdóname» en la frase «Lo siento, por favor, perdóname». No obstante, está advertido: la potencia de una disculpa disminuye con cada sílaba que agregue. Es más, puede seguir hablando por tanto tiempo que su hija se olvide de que se ha disculpado. Sin embargo, si lo mantiene breve ella recibirá el mensaje por completo. Incluso es posible que piense que es «genial», al igual que Torri.

Diga: Pase lo que pase

A veces las reacciones inmediatas de nuestros hijos a nuestros defectos no parecen requerir ninguna disculpa. Considere estas circunstancias:

- A mamá se le cae el mp3 de su hijo, por lo que ahora no funciona. En vez de pedirle perdón, le dice que no entraba bien en el estuche y que por eso se le cayó. «Está bien», dice el niño, «tengo todas las canciones guardadas en la computadora, de modo que todavía puedo escucharlas».

- Papá le promete a su hija que la llevará a una cita nocturna, pero durante dos semanas seguidas suceden conflictos en el trabajo. Le describe el gran proyecto del trabajo y sus responsabilidades de guiar a un equipo. «Está bien», dice la niña, «de todas formas necesitaba hacer mis tareas».

- Una maestra de la escuela dominical viaja toda la semana y cuando llega el domingo se olvida de llevar la torta gigante de cumpleaños que les había prometido a dos mellizas de su clase. Suspirando, les describe su vida agitada. «Está bien», dice una de las niñas, «de cualquier manera esa torta probablemente tenga muchas calorías».

A pesar de que el niño se sienta desilusionado por el adulto en esas situaciones, es posible que intente evitar lidiar con esa reacción. La desilusión con mamá o papá es algo difícil de tratar para un niño. De modo que cuando eso ocurre, minimiza la importancia de sus ofensas y desarrolla sus propias excusas para las circunstancias. Entonces la incomodidad desaparece y el padre evade la necesidad de pedir disculpas, ¿verdad? Incorrecto.

No podemos —ni debemos— escapar al hecho de que en cada caso, estos niños tienen razones legítimas para sentirse decepcionados. En oposición a lo que temen algunos adultos, las decepciones ocasionales de los niños con la generación que les precede no les causan daños permanentes. De modo que deje que fluyan los sentimientos francos; un proceso que puede facilitarle una disculpa auténtica, concisa y a tiempo como: «No, está bien. Cometí un error y lo siento, por favor, perdóname».

Los niños que no escuchan tales disculpas —y en lugar de eso aprenden a descartar la fiabilidad legítima de los demás— terminarán haciendo lo mismo. Siga pensando de esa manera y se encontrará con que ese niño sin defectos se convertirá en un adulto incapaz de responsabilizarse de sus acciones. Para combatir esa posibilidad, discúlpese con frecuencia y lo antes posible con quien deba.

Recuerde que «con quien deba» incluye a otros adultos; los niños observan constantemente cómo interactúan los padres con otros adultos. Mi amigo Dan recordó que una vez su hijo Bo, de siete años, escuchó una conversación telefónica desagradable entre él y su hermano. Al terminar la llamada miró a Bo, y la amargura que había sentido antes se transformó en arrepentimiento. En vez de intentar explicarle a su hijo la complejidad del problema, Dan formuló un plan mejor. «Me di cuenta del daño que estaba causando», afirmó. «Entonces rápidamente metí a Bo en el auto y manejé hasta la casa de mi hermano para disculparme». Imagínese la lección que aprendió Bo esa tarde.

> En oposición a lo que temen algunos adultos, las decepciones ocasionales de los niños con la generación que les precede no les causan daños permanentes.

De manera similar, imagínese la impresión a largo plazo que se produce cuando un hijo ve que su padre admite sus pecados y busca el perdón de Dios. Podemos estar seguros de que todos cometeremos errores. Nuestros hijos también los cometerán. La forma en la que tratemos nuestros errores produce impresiones perdurables en la mente de los pequeños. Algún día ellos recordarán esa imagen cuando consideren o no querer acercarse a Dios, o mantenerse a distancia. Yo quiero que mis hijos se acerquen a Dios. Espero que, usted también. Para ese momento, ¿qué ejemplo habremos dado?

Palabras de advertencia

A lo largo de este capítulo nos hemos enfocado en mejorar las habilidades que necesitan los adultos cuando se disculpan con los niños. Pero le advierto: de la misma manera en la que puede exagerar con su entrenamiento deportivo, los padres también pueden exagerar al disculparse con sus hijos. Eso sucede cuando ofrece disculpas por experiencias que no le incumben.

Por ejemplo, yo me encontré intentando asumir la responsabilidad por el tráfico (Lamento que el viaje fuera tan largo), el tiempo (Siento mucho que televisen «Fútbol de lunes por la noche» más tarde de su hora de dormir) e inclusive la temperatura (Disculpe que haga demasiado frío para nadar). Expresar o implicar responsabilidad particular en tales circunstancias mina el impacto de las palabras «Lo siento».

A pesar de que los ejemplos que utilicé puedan parecer bastante inofensivos, el problema ocurre cuando no nos damos cuenta de que exageramos al disculparnos. Cuando los padres se disculpan constantemente por una variedad de desafíos cotidianos, se corre el riesgo de que los niños desarrollen un sentimiento poco sano de autoconvalecencia o el derecho a una existencia sin problemas.

Considere esta prueba para mantener un estilo de vida sano en cuanto a las disculpas: Si la frase «Por favor, perdóname» le parece extraña o inapropiada luego de expresar que está arrepentido por algo, intente un método diferente. «Qué mala suerte que haga tanto frío para nadar» funciona muy bien para comunicar empatía o que realmente comparte la desilusión de su hijo. El punto claro de acción aquí es: mantenga la declaración «Lo siento, por favor, perdóname» reservada para situaciones que requieren de una disculpa personal. ¡Ambos sabemos que tendremos una gran cantidad de oportunidades para decir esas palabras!

Al final, asegúrese de ser un modelo de perdón. Sabemos que los niños tratan a los demás de la manera en la que los tratan a ellos, de modo que su habilidad para perdonar proviene de los hábitos que ven. En la Biblia, Santiago expresa las expectativas de Dios al respecto: «Confiésense unos a otros sus pecados» (Santiago 5:16). No obstante, eso representa solo la mitad de la ecuación. Esa instrucción viene con la expectativa de que cuando suceda, sea acompañada del perdón: «Sean buenos y compasivos los unos con los otros, y perdónense, así como Dios los perdonó a ustedes por medio de Cristo» (Efesios 4:32, Biblia en Lenguaje Sencillo).

La capacidad para confesarse (disculparse) y el perdón servirán como dos recursos vitales que usted usará con el niño. Una vez, el famoso doctor Martin Luther King describió por qué eso es tan importante: «Los padres necesitan darles oportunidades a sus hijos a fin de que desarrollen la habilidad para perdonar libremente. Aquel que carece del poder para perdonar, carece del poder para amar»[7]. Una perspectiva importante cuando considere los recursos vitales más valiosos es:

> «Este mandamiento nuevo les doy:
> que se amen los unos a los otros».
>
> JESÚS (JUAN 13:34)

GRAN PREGUNTA # 4

«¿Qué tan buen ejemplo doy en cuanto a las disculpas y el perdón?».

Cuando un niño tiene habilidades sanas para pedir disculpas y perdonar, es capaz de acercarse de manera auténtica a Dios para confesar sus pecados y buscar su perdón.

«Porque»

Por eso me ama el Padre:
porque entrego mi vida para volver a recibirla.

JUAN 10:17

Cuando mi hijo tenía tres años, pasamos seis meses en el agua juntos. No constantemente, por supuesto, sino cuarenta y cinco minutos cada sábado por la mañana en nuestra piscina de la Asociación Cristiana de Jóvenes (Y.M.C.A., por sus siglas en inglés). Ambos disfrutábamos al nadar, jugar y hasta entonar canciones mientras nos sosteníamos uno al otro durante los ejercicios muy bien pensados para aclimatar a los pequeños nadadores al agua. Cuando cumplió cuatro años de edad, nos graduamos.

O mejor dicho, Scott avanzó al nivel siguiente. Yo había cumplido con mi rol de padre en la experiencia directa, de modo que mi tiempo en la piscina había llegado a su fin. Luché contra la desilusión de mi propia pérdida (¡ja ja!) y me sentí emocionado por la próxima clase de natación de Scott. Cuando llegamos esa primera mañana, él se sintió algo diferente, asustado.

Scott creció acostumbrado a tener a su papá en el agua con él. A tal punto que no quería zambullirse sin mí. Por desdicha, hasta que estuvimos parados en los vestuarios, listo para entrar al área de la piscina, no se había dado cuenta de que estaría solo. Yo sabía que el instructor comenzaría puntual a las 10 a.m., de modo que tenía un minuto para convencer a mi hijito de que afrontara lo que para él parecía un desafío imposible.

Mientras se aferraba a mis rodillas, comenzó a derramar lágrimas. ¿Qué debía hacer yo? Forzarlo para que entrara a la piscina parecía un método errado. Nadar vestido con mis pantalones y mi remera también parecía una mala idea. Escapar y renunciar a la tarifa de matrícula resultaba algo impensable. Entonces intenté con la lógica.

—Amigo —le dije—, vas a estar bien.

—¿Cómo lo sabes? —lloriqueó. (Incluso un niño de cuatro años puede reconocer las palabras huecas). Necesitaba darle una buena razón y la necesitaba rápido.

—Porque te estaré observando cada minuto desde la ventana próxima a la piscina.

—¿De veras?

—Cada minuto.

Con esa afirmación, Scott accedió a intentar dar la lección. Mientras él salía por la puerta que conducía a la piscina, yo salí corriendo de los vestuarios, entré al vestíbulo, ubiqué una silla al lado de la ventana, y a cada rato le hacía señas con los pulgares hacia arriba para darle confianza. Durante los siguientes tres sábados, mi pequeño miraba a la gran ventana cada cinco minutos para ofrecerme una sonrisa o un saludo. Ya a la cuarta semana los saludos desaparecieron, estaba demasiado ocupado nadando.

Se necesita: Seguridad de que no es fingido

Aunque estoy seguro de que William Shakespeare no pensaba en nuestro desafío de la piscina, de todas formas resumió el principio detrás de esta pequeña victoria: «Las razones fuertes producen acciones fuertes»[1]. Es cierto, la participación en una lección de natación quizás no califique como material de una «acción fuerte». No obstante, salir caminando por la puerta que conducía a la piscina requirió de todo el valor de mi hijito de cuatro años. Sin embargo, no fue una audacia ciega. Había escuchado una razón fuerte que lo ayudó a hacerlo: estaría bien porque su papá le prometió observarlo.

Muchas veces, la diferencia entre un niño o una niña que escucha la voz de usted y realmente cree lo que le dice depende de si le ofrece o no razones valederas, esas palabras que agrega después de decir: «Porque». Este vocablo, utilizado eficazmente como el comienzo de una declaración racional y razonada, le ofrece una oportunidad única para hacer a sus mensajes poderosos.

Muchas veces la cultura de hoy tiende a fallar a la hora de incluir esas razones válidas. Observe un acontecimiento deportivo en la televisión y verá a muchos atletas diciendo que son grandiosos, aun a aquellos jugadores cuyo equipo de fútbol americano está perdiendo por treinta puntos. Escuche la música contemporánea y oirá expresiones vanidosas en muchas de las líricas de los artistas jóvenes. Lea las revistas populares y perderá la cuenta de la cantidad de propagandas y artículos diseñados para elevar artificialmente el ego. A pesar de que por

> ¿Cómo puede un niño observar las afirmaciones, el compromiso o el afecto auténtico de sus padres y diferenciar eso de la publicidad vacía y hueca que ve en todos lados?

ahora la arrogancia de un equipo, la vanidad de los adolescentes y la publicidad hueca no vayan a socavar la posición de la sociedad, se combinan para crear confusión. ¿Cómo puede un niño observar las afirmaciones, el compromiso o el afecto auténtico de sus padres y diferenciar eso de la publicidad vacía y hueca que ve en todos lados?

Es momento de que los padres recuperemos la autenticidad, un «porque» a la vez.

Palabras definidas

Como padre, abuelo, trabajador laico u otro adulto determinado a llegar al corazón de un niño, estoy casi seguro de que desea que se aferre a sus palabras fuertemente y que no vaya a desprenderse de ellas por un largo tiempo. La razón específica que ofrece luego de decir «porque» ayudará a este propósito. Sin embargo, si pasa por alto la necesidad de ofrecer razones, sus palabras correrán el riesgo de resbalarse y caer entre los ruidos de fondo de su vida.

Por fortuna, cualquiera puede incrementar el impacto de lo que dice. Ni siquiera tiene que subir el volumen. El hecho es que resulta más probable que los niños crean lo que escuchan cuando las palabras incluyen una justificación. Analice los mensajes clave de los primeros cuatro capítulos y la fuerza adicional que entregan las palabras que acompañan al «porque»:

Creo en ti	*porque* tu generosidad me demuestra que Dios te ha dado un buen corazón sensible a los demás.
Puedes contar conmigo	*porque* sabes que siempre te estaré escuchando cuando me necesites.
Te aprecio	*porque* no importa lo que hagas siempre serás mi niña.
Lo siento, por favor, perdóname	*porque* he cometido un error.

El uso de las palabras. Una manera simple para comenzar

Muchas veces me escucho a mí mismo diciendo la frase «porque sí» como una oración completa, lo que solo comunica que «yo soy el que mando». Concedido, hay circunstancias que requieren que un padre o un adulto cierren abruptamente el debate sobre un tema, sobre todo cuando el niño desafía la autoridad o se resiste de manera descarada a las indicaciones claras. El próximo capítulo se enfocará en esas circunstancias.

Por ello, en esos otros momentos —cuando intentamos llegar al corazón del niño con un mensaje que él crea y recuerde— explicar es algo vital. Pero no solo con un rápido «Porque yo lo digo», sino con una declaración que responda a las preguntas que seguramente están rondando en su mente, preguntas que pueden incluir: «¿Por qué es verdad eso?» o «¿Por qué me está diciendo esto?».

Un señor que asiste a nuestra iglesia le envió a su sobrino, Drew, una carta por su cumpleaños para expresarle algo sabio y valioso al joven de dieciséis años. Mientras lee la carta a continuación, observe cómo cada consejo comienza con una verdad y luego incluye una razón extendida. También observe cómo el mensaje «porque» no siempre debe incluir el vocablo «porque».

Drew:

A los dieciséis la vida se vuelve un juego verdadero, lo que hagas cuenta. Por eso aquí tienes cuatro sabios consejos que me hubiera gustado que alguien me diera cuando tenía dieciséis:

1. ceder a la presión de los amigos nunca hará exitosa o popular a una persona; siempre te deja en un nivel promedio o más bajo que eso.

¿Quién quiere ser promedio o menos que eso? Yo tenía la habilidad de dirigir, pero no lo hice. Tenía el talento para ser un atleta estelar, pero no lo fui. Tenía el intelecto para ser exitoso, pero lo desperdicié. Durante demasiados años ignoré cómo me había creado Dios intentando caerles bien a los demás. ¿El resultado? La vida se me descontroló. Drew, no permitas que los demás controlen tu vida.

2. Vive como si Dios te estuviera mirando cada segundo; después de todo, lo está haciendo.

En cualquier momento él puede decidir darnos grandes bendiciones o puede elegir dejar que la vida se torne realmente difícil. Da que pensar, ¿verdad? Por fortuna, Dios nos ama a ti y a mí, y quiere que seamos parte de una gran historia que está escribiendo y cuyo argumento es que todo el mundo regrese a él. Cada palabra, cada pensamiento, cada una de nuestras acciones encajan en esa historia o coinciden con ella. Y Dios lo ve todo. Drew, participa en esa historia.

<u>3. Cuando te parezca imposible o difícil amar a tu mamá o tu papá, fíngelo.</u>

Esos sentimientos crueles son temporales, de modo que luego evitarás sentirte culpable, tonto e infantil. Yo no creía que mis padres estaban realmente interesados en mí, en realidad creía que ni pensaban en eso. Estaba equivocado. La Biblia dice que honres a tu madre y a tu padre. De modo que aunque tengas que fingir amarlos, eso es más honroso que comportarte como un idiota. Y yo me comportaba mucho como un idiota. Cuando todo lo demás falla, recuerda que ellos son dueños de los autos y controlan el dinero. Drew, además de tu relación con Cristo, mantén en orden la relación con tus padres.

<u>4. Huele bien siempre.</u>

No hace falta explicar nada.

¡Una vez más, feliz cumpleaños!

La edad cumple un rol determinante con respecto a cuánta explicación utilizar. Un joven de dieciséis años obviamente requiere más explicaciones que uno de seis. Asimismo, las palabras sabias demandarán un «porque» más extenso que los vocablos que requiere una afirmación típica.

Su turno

El tío de Drew nos brindó un ejemplo en la categoría de la sabiduría, de modo que comencemos con una tarea más corta: desarrollemos nuestras propias palabras en la categoría de la afirmación. El proceso es sencillo.

Para comenzar, escríbale una carta, un correo electrónico, una nota o un mensaje de texto a su hijo; siéntase libre de utilizar el tipo de tecnología que prefiera. Escriba: «Creo en ti porque», y luego haga una lista de varias frases para terminar esa oración, todas compuestas de vocablos específicos que usted crea que son la verdad. Creer auténticamente en alguien significa que uno tiene razones para hacerlo.

Ahora lea cada declaración en voz alta para asegurarse de que las palabras tengan sentido y le parezcan creíbles al niño. Tenga en cuenta la edad del pequeño. Repita este ejercicio con los mensajes que comienzan con: «Puedes contar conmigo porque... » y «Te aprecio porque...» Finalmente, utilice: «Lo siento, por favor, perdóname», pero luego escriba solamente las palabras «porque cometí un error». (Si no le encuentra el sentido a eso, por favor, vuelva a leer el capítulo 3).

Siga adelante

Ahora, para el próximo paso, entréguele a su hijo o hija la o las notas. Si tiene varias, lean una cada domingo en la noche, es una buena manera para que su hijo comience la semana. Las palabras que los niños necesitan escuchar también pueden llegar en forma de lectura. Con un niño demasiado pequeño como para leer necesitará ajustar el ejercicio e incluir tiempo para leerle las palabras que escribió. Sugiero que comience diciendo: «El otro día pensé en ti y esto es lo que escribí...» No importa la edad del niño, de todas formas entréguele la nota para que la guarde.

Sin embargo, todavía no ha terminado. Uno o dos días después del ejercicio de las notas, pregúntele a su hijo si recuerda por qué lo ha afirmado. Vuelva a hacerle esa pregunta de mes en mes. Solo necesita un simple contacto: «¿Sabes por qué creo tanto en ti?».

Como un hábito semanal, desafíese a sí mismo a recordar cómo y qué razones tuvo para afirmar a su hijo últimamente. Asegúrese de que este desafío incluya la pregunta: «¿Le di especificaciones?».

> Las palabras que los niños necesitan escuchar también pueden llegar en forma de lectura.

Tiendo a comenzar estas prácticas personales con buenas intenciones, pero luego pierdo el entusiasmo. Si puede relacionarse con ese desafío, es probable que deba implementar mi decisión de involucrar a otras personas. De nuevo, una tarea simple: pregúntele a su cónyuge o a otro adulto cercano si nota que utiliza especificaciones al aprobar a su hijo. Mejor aún, pregúntele si puede recordar algunos ejemplos.

De uso diario

Con el tiempo, su patrón para agregar razones a sus comentarios transformará las palabras que los niños necesitan escuchar en palabras que les dan vida.

Michael Borba, autor de *Parents Do Make a Difference* [Padres que se distinguen], ofrece claros ejemplos de cómo se ve esto en las conversaciones diarias que cualquier adulto puede sostener con un niño:

- Eres muy elegante cuando bailas. Tus manos y tu cuerpo se mueven al suave compás de la música.
- Eres muy artística; tus dibujos siempre tienen muy buenas combinaciones de colores y detalles.
- Eres muy considerada. Noté cómo te detuviste para preguntarle a esa señora mayor si necesitaba ayuda al cruzar la calle.
- Siempre pareces tener algo optimista y positivo que decir de los demás. Eso ilumina el día de las personas[2].

Después que se vuelva eficiente con las palabras que expresa en los mensajes que dicen «porque», pruebe con métodos creativos para comunicarse. Mientras sus hijas crecían, mi amiga Barb les daba periódicamente a cada una de ellas libros fáciles de leer con frases clave subrayadas. Las palabras subrayadas reforzaban cuán especial era cada hija para Barb, las formas exclusivas en las que Barb las amaba y la naturaleza especial con la cual Dios las creó. ¿Es eficaz este método?

Barb sabe que lo es. Tras varias semanas de tensión en la relación entre ella y una de sus hijas (que ahora tiene edad de universitaria), Barb recibió el libro *Adivina cuánto te quiero*[3] por correo con estas palabras pegadas a la tapa:

> Solo un recordatorio para demostrarte que significas un mundo para mi. Aun cuando me enojo. ¡sin ti no sé dónde estaría!
> ¡Te quiero!
>
> con amor, sunshine

Un indicador preciso de si sus palabras llegaron o no al corazón del niño se manifiesta cuando él le expresa mensajes similares a los demás. Quizás hasta a usted.

Palabras de advertencia

Si cuando lea este capítulo se percata de que necesita mejorar su uso de los mensajes «porque», hágalo gradualmente para evitar abrumar a su hijo con una catarata de mensajes en pos de recuperar las oportunidades que dejó pasar. Una o tal vez dos razones lograrán su cometido. Utilice múltiples razones y el pequeño que le esté escuchando comenzará a preguntarse qué es lo que le está pasando (o qué nuevo libro acerca de cómo ser padre acaba de leer).

Tampoco crea que debe idear continuamente nuevos mensajes «porque». La repetición es buena. En efecto, hallará que es casi imposible reforzar las características positivas de un niño sin la repetición. Es común que la reiteración de un mensaje canse primero al adulto; es raro que los niños se cansen de escuchar las mismas palabras que siguen a «porque». Cada noche, cuando acuesto a mi hija de diez años en la cama, me voy de su habitación diciendo: «No importa lo que pase, siempre serás mi niña. Y eso significa que siempre te amaré». Seguro, podría modificar el mensaje para que luzca fresco. Sin embargo, ¿por qué habría de hacerlo? Ahora, después de una década, ella todavía sonríe cuando escucha que le digo esas palabras exactas. Espero que las crea.

De una manera similar, pero mucho más profunda, Jesús se sintió seguro —y pudo expresar su convicción— del amor de su Padre. Un día Jesús les dijo a todos los que se reunieron a escucharlo: «Por eso me ama el Padre: porque entrego mi vida para volver a recibirla» (Juan 10:17).

Sigamos el ejemplo de Dios y asegurémonos de que cada uno de nuestros hijos también sepa las razones específicas de nuestro amor.

GRAN PREGUNTA # 5

«¿Guarda mi hijo en su corazón lo que le digo?».

El niño acostumbrado a escuchar «porque» tendrá curiosidad acerca de qué nos lleva al amor de Dios, y por sobre todo a la vida cristiana, de modo que le encantará ver que hay razones claras para lo que creemos.

«NO»

Si ahora ustedes me son del todo obedientes, y cumplen mi
pacto, serán mi propiedad exclusiva entre todas las naciones.
Aunque toda la tierra me pertenece.

Éxodo 19:5

En el béisbol, el objetivo del jugador es claro: correr exitosamente
alrededor de las tres bases y al final anotar llegando a la meta.
En el camino, el corredor depende de las instrucciones del entrenador
para mantenerse enfocado en correr y no en los esfuerzos del otro
equipo para detenerlo. Desde las ligas mayores hasta las infantiles, la
base de la relación entre el jugador y el entrenador es sagrada; corra
rápido y haga lo que le diga el entrenador. La mayoría de los errores
durante las carreras suceden cuando el jugador ignora las instrucciones del entrenador.

Aunque no siempre es así.

Durante un juego de la liga de quinto y sexto grado, mi hijo Scott
llegó a la primera base tras golpear una pelota que fue al centro del
campo. Joey, el niño que bateaba más fuerte en el equipo, se paró en
la base. Yo sabía mi trabajo como entrenador de tercera base: dirigir a
Scott alrededor de las bases para que anotara una carrera muy necesaria. Con dos bateadores eliminados, solo dos entradas restantes y
las gradas llenas de padres entusiasmados, la presión crecía con cada
lanzamiento que Joey veía pasar.

Y entonces abanicó. La pelota pasó por encima de la cabeza del
jardinero izquierdo. Scott comenzó a correr en el momento en que

el bate de Joey hizo contacto, de modo que cruzó la segunda base a toda carrera. Al ir acercándose a la tercera, le grité que el jardinero tenía la pelota, pero quizás podría llegar a la meta. Sin embargo, en el momento en que pisaba la tercera base vi el lanzamiento. Era bueno. Realmente bueno. «¡No creo que puedas, tal vez no llegues!», le grité.

Un comentario inesperado para él en ese momento, por supuesto.

Scott intentó detenerse, pero se deslizó, cayó al suelo y aterrizó tres metros más allá de la tercera base. «¡Levántate! ¡Regresa!», le gritaba yo.

Lo intentó, pero el lanzamiento llegó y el tercera base lo pilló. Así terminó la entrada.

Mientras Scott se levantaba y se sacudía la tierra de su uniforme, lanzó una mirada hacia mi dirección. Regresé a mi banco con la cabeza gacha para evitar el contacto visual con el entrenador principal, los jugadores y los padres ahora disgustados con el entrenador.

Después del partido, le admití a Scott mi error. Por desdicha, la cosa no terminó ahí. Proseguí explicándole que solo le había dicho *«tal vez»*, que el jardinero había recuperado la pelota muy rápido y había hecho un lanzamiento poco común, y que también le había dicho que no *creía* que llegara. (Sí, todas violaciones descaradas de la conversación de «no ofrecer excusas» del capítulo 4).

«Papá, dijiste muchas cosas», contestó. «Pero solo deberías haber dicho "No"».

Una anotación de Scott.

Sea entrenador

Quizás hubiera llegado a salvo a la meta para anotar una carrera. Tal vez hubiese sido una jugada cerrada si llegaba. Nunca lo sabremos. Lo que sí sé es que necesitaba un entrenador firme, no alguien indeciso o demasiado permisivo, lo cual irónicamente es muy similar a lo que los niños necesitan de los padres y otros adultos cercanos.

Como padre de Scott, soy definitivamente mayor y espero ser más sabio que él. Tengo un punto de ventaja mejor para ver lo que le depara la vida. Después de todo, él está ocupado creciendo, o corriendo por las bases, podríamos decir. Comparado con cualquier niño, usted también disfruta de una perspectiva amplia y una base de experiencia profunda desde la cual puede tomar decisiones. La responsabilidad que tenemos para entrenar a nuestros hijos incluye el mandato de decir la palabra «no». Las vagas declaraciones como «Tal vez» o «No creo» no son suficiente. Muchas situaciones requieren que digamos esa palabra única e inequívoca: «No».

Su significado es claro. Su mensaje no tiene precio. ¡Y sí, cuánto necesitan los niños escuchar esa palabra!

En su libro *Sin miedo a educar,* la autora Betsy Hart explica por qué: «La mayoría de nosotros quiere que nuestros hijos sean capaces de decir que no a todo tipo de cosas hoy: a las drogas, el alcohol, el sexo, la influencia de las malas compañías, las tentaciones que pueden impedir que lleguen a cumplir sus metas y sus sueños, al compañero de vida equivocado, incluso a la codicia y la pereza. Pero si tratamos a la palabra «no» como algo sin valor, ¿cómo aprenderán nuestros niños a honrarla? ¿De qué manera llegarán a verla no como algo feo, sino como algo que puede ser bueno y protector?»[1].

> La responsabilidad que tenemos para entrenar a nuestros hijos incluye el mandato de decir la palabra «no».

Palabras definidas

A pesar de que el valor total que describe Betsy pagará sus dividendos «algún día», los niños necesitan recibir de forma sistemática ciertos «no» definitivos que comiencen temprano y continúen mientras vivan en casa. Solo preste atención a cómo interactúan los padres y los niños y verá por qué este monosílabo simple y directo merece atención significativa.

Nuestra iglesia tiene un pequeño estanque interior en un área donde los padres y los hijos se reúnen luego de los servicios. Alrededor del agua hay un muro de sesenta centímetros que constituye un gran lugar para sentarse y hablar, así como también un sitio tentador para que los niños se paren. Después del servicio dominical nocturno, una niña se paró en el muro y se estiró para agarrar una moneda que alguien había tirado al agua. Su padre, sentado a su lado, le dijo: «No», y le ordenó que se bajara. Luego se dio vuelta para ver a la multitud que se iba. De inmediato la niña se estiró para agarrar otra moneda. Otra vez, el padre le dijo que no lo hiciera y se dio vuelta. La escena se repitió dos veces más. Al final, después de que él se volteara por cuarta vez, la niña metió el brazo en el agua tan bruscamente que le empapó la espalda a su padre. Este giró y le dirigió una mirada enojada. Como tenía a su padre mirándola, se bajó del muro, agarró su mano y se fueron.

> Además de escucharle decir no, el niño debe aprender a tomar esa palabra con la seriedad suficiente como para *obedecerla*.

Cualquiera que vea esta escena no dudaría en cuanto a quién dirige esa familia: la niña. A pesar de que el padre le indicó directamente que se detuviera, ella sabía que la conformidad era opcional. La lección que podemos aprender de la experiencia del padre mojado es que además de escucharle decir no, el niño debe aprender a tomar esa palabra con la seriedad suficiente como para *obedecerla*.

Recuerde el valioso beneficio que ya mencionamos: los niños que escuchan y obedecen el «no» de sus padres aprenderán a resistirse a sus propias urgencias y tentaciones. Con esa pequeña palabra de dos letras, las madres y los padres pueden ayudar a sus hijos a desarrollar la fuerza interior para negarse a sí mismos en determinadas situaciones. Sin ella, dan el ejemplo de que «todo vale». ¿Quiere adivinar a qué hora se va a dormir la pequeña princesa del agua? Me imagino que cuando ella quiera. O me temo que hasta que la situación se ponga fea. Ahora adelante unos doce años e imagínese a esa niña y a su padre en una discusión por la hora de llegar a casa, o teniendo una conversación en cuanto a los novios. ¿Exigirá ella que su pareja para la fiesta de graduación —llena de testosterona— respete la palabra «no» más de lo que ella misma la respeta?

Ese pensamiento me golpea como un salpicón de agua fría en la espalda.

¿Qué hay con el «sí»?

Para entender por completo el «no», debemos ver qué papel juega el «sí» de los padres... o, dicho de otra forma, captar cómo busca permiso el niño. La creencia del niño en cuanto a que sus padres deben decirle «Está bien» depende de que crea en la posibilidad de que puedan negarle sus pedidos. Si el niño se da cuenta de que siempre, o finalmente, obtendrá lo que quiere, ¿por qué debe tomarse el trabajo de preguntar?

Quizás haya presenciado situaciones similares a la que yo no hace mucho vi. A los seis años de edad, Kevin sabe cómo conseguir lo que quiere. Sus padres invitaron a cenar a dos familias; los padres estaban en el comedor, los niños en el cuarto de juegos. Cuando vio a su mamá abrir una caja de chocolates finos para que los adultos disfrutaran con el café durante la conversación, Kevin salió corriendo del cuarto dejando allí su plato lleno de galletas. Aparentemente prefería el chocolate fino.

«No, Kevin, tú tienes galletas», le dijo la mamá. Él intentó agarrar la caja, pero ella se la entregó al papá.

«Lo siento, pero no», afirmó el padre. Kevin, que no parecía escuchar nada de lo que los padres le decían, siguió intentando agarrarla.

De modo que el padre cubrió la caja con sus dos manos. El niño, imperturbable por la situación, comenzó a tirar de los dedos de su padre y se los separó. Tras dirigir una rápida mirada a los demás adultos, el papá se sintió avergonzado por la escena. No renunció, sin embargo, completamente al control; Kevin abandonó la habitación con solo una trufa cuando en realidad quería dos.

Para sorpresa de uno, la niñera de esa familia encuentra muy seguido a Kevin jugando con las pertenencias de sus padres, creyendo que no hace falta pedir permiso. Ya que siempre obtiene lo que quiere, ¿por qué debería sentir la necesidad de preguntar? ¿Quiere que sus hijos jueguen con Kevin? ¿Querría que su hija saliera con él dentro de algunos años?

Por favor, no descarte la historia de Kevin como algo exagerado. Ni tampoco considere su actitud como algo aislado. Él, y muchos otros niños, necesitan experimentar desesperadamente los «no» concluyentes en sus vidas. Entonces comprenderán la necesidad del «sí».

El requisito de estas dos letras viene de la necesidad de los niños de vivir dentro de ciertos límites. (Los adultos sabemos que una vida sin límites lleva a la perdición). La fuerza de cualquier límite reside en el poder de hacerle frente a una dificultad. Por eso, la aprobación del padre solo tiene peso cuando el pequeño que la escucha cree que existe una posibilidad real de oír una negativa. Una lección mucho más fina que cualquier chocolate caro, eso es seguro.

El uso de las palabras. Tres responsabilidades razonables

Primera responsabilidad: Sea el adulto; preocúpese demasiado

Negar, rechazar o detener una acción de un niño no es nada divertido, y para él o ella es mucho menos divertido recibir esa respuesta.

Por eso, el «no» es una palabra que los niños *necesitan* oír aunque probablemente no sea una que *quieran* escuchar. A pesar de la impopularidad de la palabra, una madre joven llamada Jenny sabía que debía decirla para mantener los límites de su hijo, David, cuando comenzó a surgir la presión de sus amigos.

David, que en ese momento estaba en tercer grado, llegó un día a casa de la escuela con una petición: quería ver una película de acción nueva de la cual todos sus amigos habían estado hablando durante el recreo. Los superhéroes ocupaban mucho de su joven imaginación y pasaba horas imitando su forma de actuar. No hay problema, pensó Jenny, hasta que se fijó en las características de la próxima función y vio que era prohibida para menores de trece años. David escuchó la explicación de su madre de que algunas películas contienen imágenes y palabras inapropiadas para niños de su edad, y que incluso son hasta dañinas. Le dijo que si todavía quería ver la película cuando cumpliera los trece lo podría hacer. Pero por ahora, no podía ir a verla.

David no quiso merendar y salió de la cocina llorando. Volvió luego de un rato con una pequeña maleta que contenía sus superhéroes, ropa interior y su cepillo de dientes. Anunció sus planes de huir.

Al principio Jenny pensó que la situación era graciosa, pero luego vio lo enojado y determinado que parecía estar su hijo. Mientras lo acompañaba a la puerta, le dijo lo mucho que lo amaba y que no quería ver que se fuera. Y agregó: «Pero si piensas que afuera hay otra mamá que te amará más y te cuidará mejor, comprenderé que te vayas». David se detuvo con su mano en el picaporte. Jenny contuvo la respiración mientras una lágrima caía por su mejilla.

La lógica de un niño de tercer grado puede ser difícil de predecir, pero podemos adivinar casi con seguridad la pregunta que pasaba por la mente de David: ¿Me cuida bien mi mamá?

Así que se quedó.

Aunque es típico que el niño no disfrute de las limitaciones que se le impongan, la existencia de las mismas lo ayudará a sentirse seguro.

El motivo: sabe que alguien cuida de él y se compromete a velar por su bienestar. A pesar de que al niño de nueve años le costara expresar en palabras sus pensamientos, David supo que su madre estaba cuidando de él. En realidad, al rechazar su petición de ir a ver una película inapropiada, lo que ella le estaba expresando era: «Te aprecio demasiado como para dejarte ir».

Ese día, el pequeño David aprendió la ubicación de un límite. Sí, lo puso a prueba y también a otros límites en los siguientes años. Todos los niños lo hacen. ¿Por qué buscan los niños (¡constantemente!) desafiar los límites de los padres? Una cosa es cierta: es una forma segura de captar la atención de sus padres. La niña que empapó a su papá en la laguna quería encontrar un límite, pero halló que no existía ninguno. Probablemente lo haya salpicado para despertarlo, para demostrarle lo que no estaba brindando.

En su libro *Cómo hablarles a los hijos*, la sicóloga Chick Moorman interpreta la potencialmente elusiva lógica de los pequeños. «Las pruebas de los límites en realidad significan: "Por favor, demuéstrame que hay alguien que no cederá ni se rendirá cada vez que haga una prueba. Por favor, sé adulto para que yo pueda relajarme siendo niño"»[2].

Segunda responsabilidad: Esté dispuesto a hacer algo

Poner a prueba los límites es una cosa común y normal al crecer; sin embargo, ignorar las respuestas claras y negativas de los padres

puede llevar a problemas. Los niños que ignoran intencionadamente las instrucciones claras están comunicando: «No creo que ni esto ni yo te importemos lo suficiente como para hacer algo». Por eso es que lo siguiente deben ser las consecuencias, rápidas y certeras. La mayoría, si no todos los padres, están de acuerdo en que el niño debe pagar un precio por su desobediencia, lo que variará dependiendo del niño y la situación específica, un tema digno de su propio libro.

Sin embargo, la compatibilidad de sus opiniones en cuanto a la rapidez y la certeza parece ser una historia completamente diferente.

Moorman explica por qué la rapidez, o la falta de ella, se han convertido en todo un tema. «El padre o la madre promedio le llaman la atención nueve veces al niño antes de actuar. Cuando su acción llega después del noveno llamado de atención, le enseña al niño que puede ignorar los primeros ocho». Jenny le dijo solo una vez a David que no podía ver esa película. Por otro lado, Kevin, el amante del chocolate, ignoró repetidamente las negativas de sus padres, y tendría que haber sufrido las consecuencias. La niña que salpicó el agua es el ejemplo más claro.

Tercera responsabilidad: Sepa cómo resistir

Como padres, al considerar la rapidez y la certeza de nuestras respuestas necesitamos utilizar cierto discernimiento en cuanto a si el niño muestra un rechazo genuino o es desafiante. Lo primero requiere de nuestra empatía, sin que cambiemos la respuesta. Lo segundo precisa que actuemos.

Mis amigos Abby y Neal sabían cómo mantener el «no» y aun así mostrarse compasivos.

Tras pasar varios meses de invierno buscando casa, la pareja hizo una oferta por una casa nueva al mismo tiempo que ponía un aviso para vender su casa en su jardín delantero. Un caluroso día de primavera su hijo Tommy, que estaba en preescolar, pasó horas jugando afuera con sus amigos. Al regresar a casa sospechó que el cartel de su jardín significaba que pronto dejaría atrás a esos amigos.

Corrió por la subida del garaje y abrió la puerta principal llorando muy fuerte. Abby y Neal corrieron a su encuentro, examinándolo para verificar si tenía alguna lastimadura. Al no encontrarle ninguna, Abby le preguntó qué era lo que le sucedía.

«No quiero mudarme y perder a mis amigos», susurró mientras lloraba. «¿Podemos quedarnos?, por favor».

La madre y el padre lo abrazaron. «No, no podemos quedarnos. Vamos a mudarnos», dijo Neal con delicadeza. Abby y él repitieron esas palabras muchas veces mientras abrazaban a su triste hijo. En casos como ese, los niños necesitan padres que sientan empatía debido a lo difícil que puede ser que nieguen su pedido.

Sin embargo, no exagere con la empatía al punto de no decir la verdad.

> Considere cuántas decisiones se toman o no porque un padre teme que su hijo lo rechace.

Abby y Neal podrían haber decidido tranquilizar a su hijo. Respuestas como: «Hablaremos acerca de eso» o «¿No quieres mudarte de todas formas?», podrían haber distraído y ayudado a Tommy para que dejara de llorar. No obstante, ¿hubiese sido útil —o incluso honrado— que Abby y Neal escondieran la realidad?

Así que se mantuvieron diciendo la verdad; algo que a veces los padres evitan por una razón muy desconcertante: tienen miedo de que su hijo deje de quererlos.

Ahora considere cuántas decisiones se toman o no porque un padre teme que su hijo lo rechace. Piense en la cantidad de caramelos que compran las madres sin querer hacerlo para evitar una escenita, la cual puede hacer que otros adultos la vean como una mala madre o, peor aun, que sus hijos piensen eso. Medite en la comida «chatarra» consumida (sin que los padres se opongan) momentos antes o incluso durante una cena saludable. Conozco niños que decidieron que solo se limitarían a comer un menú específico: trozos de pollo, macarrones, pizza y cereales llenos de azúcar. Es típico que ellos no preparen el microondas o se sirvan la leche, de modo que adivine quién se asegura de aprobarlo. Piense en la ropa inapropiada que se compran los niños (perdón, que los padres *les compran* a los niños) que ni siquiera están en la secundaria. Vaya a un centro comercial y visite una tienda de ropa «en onda». Eso le hará pensar. Observe cómo se visten los niños que caminan por el centro comercial y entrará en pánico. Ahora que ha puesto en marcha su imaginación, piense en cuántos adolescentes salen con personas quer sus padres que dejan mucho que desear.

¿Por qué sucede todo eso? Las mamás y los papás quieren agradar a sus hijos, de modo que la palabra «no» desaparece de su vocabulario paterno. Muchas veces, los adultos que no son padres hacen lo mismo. Los maestros de las escuelas dominicales o los trabajadores laicos que laboran con jóvenes se enfrentan a la tentación de tolerar comportamientos inapropiados, esforzándose porque parezca que están en onda y con eso obtener su aceptación... en nombre del ministerio, por supuesto. Muchos abuelos lo hacen en nombre del amor, pero les extendemos la gracia enfocando nuestra atención en otra cosa. Los maestros saben que se hundirían rápidamente con un método hueco y palabras vanas. He descubierto que sucede lo mismo con los entrenadores de las ligas pequeñas.

Las palabras que necesitan escuchar los padres en cuanto a este tema es que los niños los querrán incluso después de que digan «no». Si su relación con un niño se basa en evitar decir esa palabra, tiene problemas profundos que necesita considerar.

El cambio en el respeto de un niño a la indicación de que deje de hacer algo también puede indicar un problema digno de atención. Cuando un hijo o una hija que típicamente obedece al «no» comienza a ignorar estas importantes palabras, los padres deben investigar la razón. Para los que estamos en el ministerio, encontrar que un niño no obedezca a nuestras restricciones muchas veces nos señala un problema para conversar con sus padres. A veces la situación es un serio trauma oculto en la vida del niño; en otros casos, es algo tan simple como un estallido de crecimiento o las nuevas hormonas en actividad.

Palabras de advertencia

Será de gran ayuda comprender dos aspectos adicionales de la palabra «no». Primero, a pesar de que el uso insuficiente de este monosílabo cause problemas, su uso excesivo creará sus propias consecuencias no deseadas. Notará las señales de ese exceso cuando los niños busquen maneras de evitar a sus padres. Una hija que cree que «Mi papá nunca dice que "sí" a nada», terminará esquivando a su padre. No existe una fórmula para determinar la mezcla exacta de aprobaciones y desaprobaciones, pero una sensibilidad auténtica con relación a este tema debería brindarle a usted un buen punto de partida. Si cuestiona su propio equilibrio entre las dos opciones, pregúntele a su cónyuge u otro adulto cercano. O, si se atreve, pregúntele a su hijo.

El uso excesivo también puede eliminar la posibilidad de un acercamiento respetuoso, un ejercicio que puede jugar un rol positivo en cualquier relación entre un adulto y un niño, dado que incluye el diálogo. Comprender cómo alcanzar un compromiso es una habilidad valiosa para el niño, porque muchos temas en la vida requieren dar y recibir. Cuando se produce un cambio total o parcial, el padre puede reforzar la experiencia de aprendizaje con una corta explicación como: «Ahora que me dijiste eso puedo ver las cosas de manera diferente». Todos los pedidos

> Comprender cómo alcanzar un compromiso es una habilidad valiosa para el niño.

para que el padre reconsidere una decisión deben ser respetuosos y no volverse quejitas o suceder cada vez que el padre niegue un pedido o establezca un límite. Diálogo sano, sí. Debate acalorado, no.

La segunda advertencia se centra en la incongruencia. Algunos padres encuentran la necesidad de decir que «no» solo cuando sus hijos se portan mal en público. Y durante esos momentos tensos, los mismos padres parecen sorprendidos de que su hijo no haya descubierto la necesidad de obedecer. El niño que consigue todo lo que quiere en su casa tiende a creer que existen los mismos parámetros en la iglesia, la tienda y cualquier otro lugar público. A los niños más pequeños debemos extenderles la gracia, ya que la habilidad de la obediencia llega como resultado de un trabajo en equipo entre el padre y el hijo reforzado con el tiempo.

Ese tiempo debe comenzar en algún momento, entonces, ¿por qué no ya? Betsy Hart explica lo más importante que está en juego y nos lleva a la urgencia: «Si no entrenamos a nuestros hijos cuando son pequeños para que se sometan de la manera apropiada a nuestra autoridad amorosa, y en lugar de eso entrenamos sus corazones para que sean rebeldes, entonces, ¿cómo serán capaces de algún día someterse a la autoridad de su Padre celestial? Dicho de manera práctica, esto significa que nuestros hijos en verdad tienen que escuchar la palabra "no"»[3].

La incapacidad para hacerle caso a la autoridad de Dios les creó problemas a las primeras personas, una tendencia que continúa hoy. Adán y Eva, a pesar de haber sido engañados, ignoraron la orden de «no» comer el fruto prohibido y tomaron el asunto en sus propias manos. Para asegurarse de que los demás, incluidos nosotros, comprendamos completamente su expectativa de que nos sometamos a su autoridad, Dios declaró: «Si ahora ustedes me son del todo obedientes, y cumplen mi pacto, serán mi propiedad exclusiva entre todas las naciones» (Éxodo 19:5). En este y muchos otros versículos, Dios informa la razón de la insistencia que lo obedezcamos cuando dice que «no»: nos ama demasiado como para dejarnos hacer lo que nos dicten nuestros impulsos.

Depende de nosotros amar a nuestros hijos de la misma manera.

GRAN PREGUNTA # 6

«¿Es mi "no" respetado y eficaz?».

Cuando un niño puede escuchar y obedecer un «no» de mamá y papá, es probable que sea capaz de hacer lo mismo con Dios, que muestra su amor de manera clara diciéndonos lo que no debemos hacer.

«Te amo»
(Recibido y creído)

Después de todo, no son los hijos los que deben ahorrar para los padres, sino los padres para los hijos. Así que de buena gana gastaré todo lo que tengo, y hasta yo mismo me desgastaré del todo por ustedes.

2 Corintios 12:14-15

Hace más de un siglo, Robert Louis Stevenson ofreció una perspectiva intrigante de la vida. «No juzguen cada día por la cosecha que recojan, sino por las semillas que planten»[1], afirmó. Me di cuenta de la importancia que podía tener ese consejo para mí, como padre del siglo veintiuno, en el campamento de padres e hijas.

Cada verano Erin y yo pasamos tres días enteros de campamento, por lo que trabajo duro para hacer que cada uno de esos días cuente. Me tomo muy en serio las conversaciones cara a cara que tenemos en las horas tardías de la mañana. Como campistas expertos hemos desarrollado nuestro propio ritual para ese momento, uno que incluye sentarse en una pequeña plataforma de madera ubicada en una loma con vista al río. Mientras escuchamos el sonido de las hojas cuando las mueve el viento y vemos a las ardillas correr por el bosque, hablamos y masticamos semillas de girasol. Incluso escupimos algunas. Bueno, en realidad competimos para ver quién puede lanzarlas más lejos, mejor y —mi favorita— con la mayor cantidad de saliva expulsada en una sola escupida. Seguro, puede pensar que esto es inapropiado para una jovencita (o para un hombre adulto). Mi esposa también lo piensa. Sin embargo, mi hija tiene una opinión diferente, para ella es un momento especial.

Una gran parte de ese sentimiento especial viene de una nota que escondo en la bolsa de semillas de girasol antes de que comience cada día. Cuando llegamos a la plataforma en la colina, Erin mete la mano en la bolsa y —para su placer cada vez— encuentra su nota. Cada verano los mensajes diarios se enfocan en un tema común. Por ejemplo, un año las notas de los tres días eran acerca de la promesa: «No importa dónde vayas o qué hagas, siempre te amaré».

La última noche de campamento incluye un tiempo para que todos se reúnan con sus compañeros de cabaña y compartan recuerdos especiales. Erin siempre comenta nuestras sesiones de semillas. Yo me río y me imagino a mi esposa poniendo cara de disgusto si lo supiera.

Una mañana luego de regresar a casa el último verano, recibí una perspectiva de lo importantes que eran nuestras conversaciones durante la mañana para Erin... y tiene muy poco que ver con las semillas. Eso sucedió cuando la vi mirando las notas de las bolsas de semillas de girasol; ahora cada una estaba en una cajita que ella esconde para leerlas de vez en cuando. (Erin, no espío. ¡De veras!)

En realidad ella no tiene hambre de semillas; tiene hambre de saber cuánto la amo.

Mientras comemos nuestras semillas de girasol, esas notas plantan algo importante. Asumiendo que Robert Louis Stevenson tuviera razón, la cantidad de amor que planto en el corazón de mi hija es mucho más importante que el amor que puedo recoger para mí.

Dicho de otra manera, mi desafío constante es determinar si sembré o no semillas de amor en mis hijos utilizando palabras que escuchan, leen y, mejor que nada, creen.

No suponga, hable

Todos sabemos que el amor cumple un rol importante en la vida. La Biblia nos dice que el amor lo soporta todo, creen en todo, espera todo y perdura por sobre todo. También podemos estar de acuerdo acerca del gran valor que proviene de expresarles amor a otras personas, especialmente el amor manifestado por los padres a sus hijos. No obstante, a pesar de que esta conversación de amor puede calificarse como un conocimiento común, hay demasiados padres que fallan al decirles a sus hijos «Te amo» de manera clara y frecuente.

En su obra *The Blessing* [La bendición], los sicólogos Gary Smalley y John Trent ven la falta de comunicación del amor como un gran problema; comenzando con el razonamiento común que dan los padres para esta falencia: «Ellos saben que los amo y son especiales sin que tenga que decírselos». La respuesta puntual de Trent y Smalley a este padre es: «¿De veras? Deseamos que esta explicación resulte para muchas de las personas que aconsejamos. Para ellos, el silencio de sus padres les ha comunicado algo muy diferente al amor y la aceptación»[2].

> El amor es demasiado importante como para no expresarlo y dejar que sea asumido.

El amor es demasiado importante como para no expresarlo y dejar que sea asumido. Esa es la convicción de mi amigo Wally, cuyo compromiso de expresar amor no tiene límites.

Hace algunos años, Jeff, el amigo de Wally, peleó y perdió su batalla contra el cáncer. Antes de que Jeff muriera, le habló a Wally acerca de la profunda tristeza que sentía por todos los momentos que no podría compartir con Noah, su hijo de ocho años: conversaciones que forjaran su corazón, caminatas largas y muchos otros momentos que ayudan a un niño en el camino a convertirse en adulto. Wally prometió ayudar.

Siendo padre de sus propios hijos, mantuvo su promesa apartando tiempo de su trabajo para acompañar a Noah al campamento de padres e hijos por dos veranos consecutivos. Durante el tiempo que pasaron juntos, los dos disfrutaron de actividades y aventuras, conversaron acerca de los sueños y las desilusiones del niño, y mantuvieron los recuerdos de Noah acerca de su padre. Wally describe el propósito principal de esos viajes diciendo: «Son para que Noah sepa que su padre, y ahora otro hombre, lo aman».

Todo niño —no importa lo que cueste— necesita saber que es amado.

Palabras definidas

El amor se encuentra en el punto más alto de las intenciones de los padres. Muchos lo calificarían como el objetivo número uno. De modo que además de recordarles a las madres y los padres que deben expresar su amor, ¿hay algún otro desafío que se aplique a este tema? Sí. En efecto, hay una aspiración aun más valiosa que puede tomarle por sorpresa.

Una meta más alta

Solía pensar que, como padre, las palabras supremas que podía escuchar de parte de mis hijos eran «Te amo». Esa es nuestra manera culturalmente aceptada de expresar un sentimiento profundo. Confirma que tenemos una familia saludable establecida sobre relaciones sólidas. Indica nuestro potencial para soportar todo, creer en todo, esperar todo y perdurar por sobre todo. No obstante, a pesar de que todas esas razones sean válidas, existe una frase mejor, una meta más alta. Esa meta es que escuche que su hijo le diga: «Creo que me amas».

Esta idea no se me ocurrió a mí solo. El cambio de perspectiva me llegó durante un mensaje de fin de semana predicado por el pastor y escritor John Ortberg. Escuché lo que predicó hace más de cinco años, pero me golpeó tan fuerte que desde ese momento me quedó grabado en el corazón. «Tú eres el padre, no es responsabilidad de tu hijo hacerte sentir amado»[3], dijo.

Cuando le digo «Te amo» a uno de mis hijos y hago una pausa esperando escuchar esa misma frase en respuesta, ejerzo una coerción sin intención. No, no está mal que mi hijo o mi hija me digan «Te amo». Y el punto no es que debería irme por las ramas tras expresar mi amor para que él o ella no puedan responder. El problema yace en mi *expectativa* de una respuesta, ese pequeño hilo atado a las palabras tan importantes que los niños necesitan escuchar.

Permítame continuar a modo de confesión durante un momento más, el tiempo suficiente para admitir que a veces he utilizado el lenguaje corporal, ciertas expresiones faciales o una pequeña inclinación de la cabeza, o incluso levantado mi voz para darle más fuerza, a fin de rogar sutilmente por una respuesta. Hasta me es casi posible hacer que la frase «Te amo» luzca como una pregunta, como si quisiera decir: «¿Y tú también me amas?». Sin embargo, aun cuando Scott o Erin me expresan su amor, es injusto para mí que tenga que solicitarlo.

¿La razón para utilizar una etiqueta tan contundente como «injusto»? Es simple. Es contrario al tipo de amor que nuestros hijos necesitan recibir de nosotros, el amor incondicional.

> El amor incondicional actúa cuando el padre siente y comunica amor por el hijo, incluso aunque este no exprese amor en respuesta.

Démosle una mirada a las características básicas del amor incondicional para poder entender por completo esta necesidad. En su libro *Los cinco lenguajes del amor de los niños*, los doctores Gary Chapman y Ross Campbell nos ofrecen una definición clara: «La mejor manera de definir el amor incondicional es comprobando lo que hace. El amor incondicional le muestra amor al niño *pase lo que pase*. Amamos a un niño sin importar cómo se vea; sin importar sus valores, su responsabilidad ni sus habilidades; sin importar lo que esperamos que sea; y, lo más difícil de todo, sin importar cómo actúe»[4].

Podemos explayarnos en la definición de Chapman y Campbell. El amor incondicional actúa cuando el padre siente y comunica amor por el hijo, incluso aunque este no exprese amor en respuesta. Un pequeño puede no sentirse amado incondicionalmente si cree que debe decir «Te amo» en retribución. Considere las siguientes preguntas potenciales que pueden pasar por la mente del pequeño, expresadas de una manera que nosotros como adultos podamos entenderlas:

Mamá, ¿me estás diciendo «Te amo» porque en verdad lo sientes, aunque no te diga lo mismo?

Papá, ¿seguirás amándome si te decepciono, aunque sea un poquito, al no decirte «Te amo» cuando tú me lo dices a mí?

¿Piensan realmente los niños así? Chapman y Campbell concluyen expresando que probablemente sí lo hagan. «La triste verdad es que pocos niños se sienten amados incondicionalmente y cuidados», dicen. «Y de todas formas, también es verdad que la mayoría de los padres aman profundamente a sus hijos. ¿Por qué se da esta terrible contradicción? La razón principal es que pocos padres saben cómo transferirles a sus hijos el sentimiento de amor que tienen en sus corazones»[5].

Todo lo que se interponga a este mensaje, incluso la expectativa de una respuesta, debe hacerse a un lado, porque cuando un padre expresa amor incondicional, la transferencia de amor se sentirá completa. Eso es completamente bueno tanto para el padre como para el hijo.

Un mensaje a largo plazo

Mientras Terri crecía, era muy raro que sus padres le dijeran «Te amo». Ya en la universidad comenzó a notar cómo otros padres les mostraban de manera clara su amor a sus hijos, lo que creó un deseo en ella de hacer lo mismo cuando tuviera los suyos.

Ahora que los tiene, Terri Ann les dice «Te amo» más veces de las que puede recordar a lo largo del día, sin importar la ubicación o la situación. Hace poco, mientras conversaba con su hija de tres años, le expresó su amor a la pequeña. La respuesta de la niña la dejó atónita. «Tú me amas cuando me porto bien y cuando me porto mal», exclamó la niña. «Me amas todo el tiempo».

Esas palabras cumplieron el sueño a largo plazo de toda madre... y le permitieron alcanzar la meta más alta que expresa «Creo que me amas».

El uso de las palabras. Un desafío y tres consejos

Los estantes de las tiendas de libros están repletos de obras que entrenan a los padres, los abuelos, los que trabajan en el ministerio y a los amigos de la familia en cuanto a métodos eficaces para comunicarles amor a los niños. Yo he leído varios y me ayudaron mucho. No obstante, a pesar de todas sus sugerencias complejas, encontré un par de métodos que me probaron ser fáciles de memorizar, entregar y repetir. «Scott, te amo» y «Erin, te amo» operan muy bien.

El desafío

Antes de que asuma que he simplificado demasiado este tema, démosle una mirada a lo que sucede después de decir esas palabras, porque las frases simples como estas no sirven como puntos de llegada que garanticen el éxito; representan el comienzo de un desafío que todos debemos aceptar.

He aquí cómo opera. Dígale a su hijo «Te amo» y luego fíjese en cómo reacciona. Mire con atención, sus ojos le confirmarán si le cree. Si esos ojos realmente brillan, todo está bien. Si no puede mirarle a los ojos, o se da vuelta, tendrá trabajo por delante. Trabajo serio.

¿Le parece demasiado simple? Solo inténtelo. Sin embargo, antes de hacerlo, piense en alguna vez que haya estado enamorado y recuerde qué fácil le resultaba mirar a su amada a los ojos. Puedo imaginar que a veces era por una ridícula cantidad de tiempo. O piense en la última vez que alguien le haya expresado su amor. Si le creía a la persona, ¿miraba para otro lado? Por supuesto que no.

Si los ojos de su hijo o hija brillan luego de expresarle su amor, pase algo de tiempo desarrollando una lista de maneras en las que le comunicará su amor de forma frecuente. ¿Lo dice con claridad y a menudo? ¿Escribe notas? ¿Le da un regalo inesperado motivado por su amor? Conozco a una madre que les dice «Te amo» a sus hijas utilizando lenguaje de señas: cara a cara, a través de una habitación o viendo cómo se aleja el autobús escolar. Sean cuales sean sus métodos, es obvio que probó el éxito, de modo que su desafío es determinar cómo seguirá construyendo sobre lo que hasta ahora estuvo funcionando.

En el caso de que sus ojos no brillen o no le mire a los ojos, haga una pausa para preguntarse a sí mismo de manera crítica cómo expresa su amor. ¿Pronuncia palabras acerca de su amor o lo mantiene en secreto? Quizás su hijo no reciba el mensaje con suficiente frecuencia, de modo que cuando lo capta, lo hace sentir incómodo. O considere qué piensa su hijo basándose en sus actitudes y acciones. ¿Apoyan sus palabras o hacen que se escuchen falsas?

> Haga que declararle amor a su hijo sea una parte normal de su vida en familia.

No importa en qué situación se encuentre, ingénieselas para mejorar. Por supuesto que es una resolución valiosa, pero no es difícil. Simplemente repita la frase «Te amo» y luego vea el proceso de los ojos cada día. Comunique el mensaje de diversas maneras para apoyar de forma creativa sus palabras; como por ejemplo con notas, hechos de amor, un abrazo, tomando su mano o haciéndole de vez en cuando un regalo de amor. Solo asegúrese de difundir el mensaje francamente; no deje nada a la suposición. Eso sucederá cuando se comprometa con las tres prácticas básicas.

Sea claro

Diga las palabras como si estuviera ofreciendo información nueva a un escéptico, aunque sea uno que esté desesperado por creerle. En su clásico *Los Miserables*, Víctor Hugo escribió: «La máxima felicidad de la vida es la convicción de ser amados»[6]. Se convencerá con claridad.

Sea deliberado

Haga que declararle amor a su hijo sea una parte normal de su vida en familia, un hábito que se grabe permanentemente en la memoria del niño. El gran Don Edwards, de la Liga Nacional de Hockey, le contó a la audiencia de un canal de televisión por cable acerca del recuerdo más preciado de su padre: «Uno de los legados más importantes que nos dejó, como la gran cantidad de amigos y vecinos, fue nunca dejar de decirle "Te amo" todos los días a cada miembro de la familia»[7].

Sea inquebrantable

Cierre este libro y dedíquese a desarrollar un hábito nuevo. Incluso comience a decir «Te amo» con una claridad novedosa e inconfundible. Entonces los ojos de su hijo brillarán de alegría y su pequeño corazón se derretirá cada vez que mencione la palabra que empieza con «A», ¿verdad? En el caso de que eso no ocurra inmediatamente, comprométase a un viaje largo.

Shmuley Boteach nos ofrece indicaciones útiles para ese viaje en su libro *10 Conversations You Need to Have With Your Child* [Diez conversaciones que necesita tener con su hijo]. «Seguiré diciéndoles que los amo, aun cuando piensen que soy cursi, porque en verdad los amo y quiero que siempre lo sepan», afirma.

«Aun así, los niños seguirán queriendo alejarle, en especial cuando vayan creciendo. Están tratando de cortar el cordón umbilical, tratando de establecer su independencia, y eso es bueno, pero no puede detenerse. Debe recordarles a sus hijos, de manera constante e incansable, que los ama»[8].

Palabras de advertencia

Es posible disminuir la fuerza del amor. Muchos padres se ven fuertemente tentados a utilizar el amor como una herramienta que actúe como palanca. Yo mismo lo hice. Pero en lugar de llamarle a eso palanca, démosle un nombre más franco: manipulación.

Por esa razón, debemos acordar no decir nunca palabras que tengan este efecto: «Si me amaras, harías...» Aun peor, todos conocemos padres cuyo mensaje es «Te amaré si...» A pesar de que eso pueda suceder sin premeditación, cualquier caracterización del amor como condicional minimiza todas las prácticas positivas que hasta ahora hemos cubierto. De modo que cuando nos refiramos al amor, mantengamos intacta la cualidad de la incondicionalidad. «Te amo. Eso no se discute. Ahora, te estoy pidiendo que...» El amor como un instrumento para ejercer presión es amor perdido.

Es gracioso que, con toda su fuerza, el amor no ofrece garantías. Por eso, tenga cuidado de cualquier expectativa. Eso significa que no importa lo bien que usted y yo nos comuniquemos, ninguno de los dos puede forzar a un niño a que se sienta amado. Como escribió el autor Bernard Malamud: «Los niños eran extraños a los que amabas porque podías amarlos»[9]. De esa manera, les damos amor a los niños porque tenemos amor para dar, luego debemos confiar en que lo sienten aun cuando no estemos seguros de ello. Piense en esto como un compromiso unidireccional, lo cual no es para nada un concepto nuevo.

En una carta a la iglesia del primer siglo en Corinto, Pablo describe un modelo sano de relación entre padre e hijo, uno que se parece al flujo de amor del que estuvimos hablando: «Después de todo, no son los hijos los que deben ahorrar para los padres, sino los padres para los hijos. Así que de buena gana gastaré todo lo que tengo, y hasta yo mismo me desgastaré del todo por ustedes» (2 Corintios 12:14-15).

Cuando el amor paterno brota de lo profundo, proviene de un corazón auténtico. Un corazón franco que expresará amor de manera frecuente y apasionada. Un corazón fuerte que es capaz de dar sin recibir. Un corazón realizado que confía en que las semillas del amor que se plantan ahora —de un lado si es necesario— algún día florecerán para ser más hermosas de lo que se puede imaginar o esperar.

Es probable que Fred Rogers haya captado de la mejor manera esta esperanza cuando afirmó: «Los niños que escuchan que son amados de muchas maneras diferentes son más propensos a encontrar sus propias formas de decírselo a las personas que aman a lo largo de su vida»[10]. Incluso es probable que algún día se lo digan a sus padres, sus abuelos y otros adultos que los hayan amado.

Y si tenemos esperanza, algún día se lo dirán a Dios, que es quien más los ama.

«Dios es amor» (1 Juan 4:16).

Gran pregunta # 7

«¿Cree mi hijo que lo amo?».

Esta puede ser la pregunta más importante a la que se enfrente como padre, porque la respuesta ayudará al niño a comenzar a comprender el concepto del amor incondicional de Dios.

Una última palabra

De Erin Staal, de diez años de edad
(con una pequeña ayuda de su papá)

La vida puede ser dura cuando eres niño. Como cuando obtienes una mala nota en un examen o tienes una maestra sustituta que es mala. O cuando hay un día lluvioso, porque no puedes salir al patio en el recreo. En las ocasiones cuando los abusadores molestan a los niños o se arman peleas. Cuando los maestros te dan mucha tarea y justo esa noche la tenías ocupada, o en cualquier noche, en realidad. Cuando sales a jugar y no hay nadie alrededor con quien hacerlo. O si llegas a casa y no hay nadie. Mis amigos me cuentan que es muy duro cuando los padres atraviesan un divorcio.

¡Los niños también *escuchan* cosas duras! Como comentarios hirientes acerca de la ropa que usan, porque no son de tiendas populares. Críticas desagradables porque se ven o lucen diferentes. Presión por parte de sus profesores para que trabajes más rápido. A veces es difícil cuando toda la clase se ríe de alguien que da una respuesta realmente equivocada o cuando otras bailarinas hacen que una persona se moleste por realizar mal un paso. Nadie quiere sentirse estúpido ni torpe. ¿Y usted? Algunos niños piensan que su mejor esfuerzo no es suficiente, de acuerdo con sus padres. Y hay ocasiones en que los padres tienen un mal día y pierden la paciencia con sus hijos. En mi casa nunca pasa eso (¡ja, ja!).

Todos los niños tienen altibajos. Unos más que otros. Entonces, ¿por qué le estoy diciendo todo esto?

Bueno, porque quiero pedirle algo, por favor, hable con sus hijos.

Quizás todo lo que describí no suceda todos los días. Sin embargo, cada día tiene sus propios desafíos, de eso puede estar seguro. Por eso, los niños necesitan una persona con la que puedan hablar lo que sea que pase por su mente. Necesitan escuchar palabras de amor para no creer todas las cosas desagradables que oyen a su alrededor. Y usted es la persona que necesita decirles esas palabras. Si esa persona no es usted, ¿quién más?

Por tanto, hable con sus hijos. Dígales las palabras que necesitan escuchar.

Apéndice 1

HURGUE MÁS PROFUNDO, DÉ LOS PASOS SIGUIENTES

Las siguientes preguntas y actividades le ayudarán a poner en práctica varios conceptos clave de cada capítulo. A pesar de que estén principalmente diseñados como ejercicios individuales, este material también sirve para discutir en grupos pequeños de adultos.

Capítulo 1: «Creo en ti»

1. Haga una lista de varias características positivas que haya visto en su hijo o hija. Incluya algunas palabras que describan la idea que pasó por su mente con cada una de ellas.

2. Pídale al menos a otro adulto que conozca bien a su hijo o hija que haga una lista de las características positivas que haya visto en él o ella.

3. Elija dos características que parezcan ser las más fuertes en su hijo. Ahora escriba una oración o dos utilizando palabras que pueda decirle su confianza en él y basadas en cada característica. Luego determine al menos una responsabilidad o un privilegio nuevo que pueda ofrecerle a su hijo para que refuerce esa cualidad. Por último, determine una fecha en la que hablará de esto con su hijo.

4. ¿Parece su hijo no tener confianza e intenta evitar probar nuevos desafíos? Determine una o dos maneras en las que le comunicará su confianza en él para darle seguridad sin aplicar presión alguna.

Capítulo 2: «Puedes contar conmigo»

1. Haga una lista de varios escenarios del mundo de los niños: la escuela, el vecindario, las actividades extracurriculares, la vida en familia, los amigos, la iglesia y otras áreas importantes de la vida. Ahora considere cómo puede experimentar su hijo desconfianza en relación con las áreas que enumeró. ¿Conversan usted y su hijo de los desafíos que afronta? Planee cómo comenzará a hablar de este tema de manera que no se sienta como un cuestionario.

2. Anote varias razones de por qué puede su hijo confiar en usted. Pregúntele a su hijo por qué cree que pueda confiar en usted y compare las respuestas con su lista. Subraye cada razón en su lista que él o ella no mencione y dedique tiempo a pensar en cómo puede comunicarse mejor en cuanto a ese punto.

3. ¿Qué actividades que no incluyan a los amigos disfruta su hijo? Comprométase a unírsele en esa actividad en las próximas dos semanas o antes. Después de reunirse un momento, pregúntele qué actividades le gustaría hacer con usted de manera regular. Anote esa actividad en su calendario y organice su plan en torno a ella.

4. Haga una lista de cosas negativas que su hijo pueda percibir de parte suya: poca paciencia, gritos, enojo, desconfianza, llegar siempre tarde y otros atributos desafortunados. De todas formas, relájese, ya que todos las tenemos. ¿Cómo cambiará?

Capítulo 3: «Te aprecio»

1. Compre un pequeño cuaderno y una vela grande. El próximo mes, comience la tradición de la «vela de la victoria» en su casa. Asegúrese de explicarle a su hijo qué sucede durante esa

celebración. También explique cómo determinará quién recibe la próxima vela de la victoria como reconocimiento.

2. Converse con su cónyuge o con un adulto cercano que los conozca bien a usted y a su hijo en cuanto a maneras específicas y creativas de enviar el mensaje «Te aprecio».

3. Elija una idea del punto número 2 y póngala en práctica durante los próximos siete días. Repase los resultados con su cónyuge u otro adulto conocido. Repita este proceso con un método original al menos durante cuatro semanas.

4. Piense en los amigos de su hijo o hija. ¿Quién tiene la mejor relación con sus padres? Tenga coraje y póngase en contacto con ese padre, explíquele que lo llamó porque notó su fuerte relación y pídale a ese padre o madre que le aconseje.

Capítulo 4: «Lo siento, por favor, perdóname»

1. Recuerde la última vez que le pidió disculpas a su hijo o hija. ¿Qué tan bien lo hizo, fue breve y claro o se fue por las ramas y dio excusas? Si no puede recordar que alguna vez lo haya hecho, entonces ha pasado demasiado tiempo.

2. Asuma el desafío de no dar excusas durante todo un día. ¿Cómo se siente?

3. Haga una lista de las situaciones que le causen más estrés en las que estén involucrados sus hijos, como prepararse en la mañana, el tiempo después de la escuela, las tareas por la tarde, las actividades extracurriculares, los informes de la escuela, la confrontación de malos comportamientos, incluso el mantenerse firme con la palabra «no». Recuerde cómo reaccionó en la situación más reciente que haya anotado en la lista. Ahora tiene un punto específico por el cual disculparse.

4. Pídale a su hijo que le sugiera cómo puede mejorar su forma de pedir disculpas (tenga en cuenta la edad cuando pregunte). Luego hágale la misma pregunta a varios amigos cercanos. Haga esto el día en el que no dará excusas (véase el punto 2 anterior).

Capítulo 5: «Porque»

1. Utilizando cada característica que anotó en el ejercicio del capítulo 1, escriba una descripción que siga este formato (descrito en el capítulo 5): Eres _____ (característica) porque _____.

2. Escriba declaraciones similares (como en el punto 1 anterior), pero emplee cualidades de carácter que le gustaría ver en un futuro en su hijo. Ore porque estas características se hagan realidad para en su hijo. ¿Lo son para usted?

Capítulo 6: «No»

1. Anote las últimas tres veces que cedió ante su hijo después de decirle que «no». Considere de qué otra forma debería haber actuado.

2. Repase estos puntos con alguien cercano y pídale que le haga rendir cuentas en cuanto a su capacidad de decir que «no» y no ceder ante la presión del niño.

3. ¿Obedece su hijo de manera constante cuando le dice que «no»? Si no es así, planee conversar este problema con él durante un momento de calma y sin presiones, cuando esté libre de distracciones y emociones. Esta conversación puede requerir varias etapas.

4. ¿Obedece su hijo de manera constante cuando le dice que «no» por miedo? Ahora hágale la misma pregunta a su cónyuge u otro adulto cercano. Los niños no deberían vivir con miedo de sus padres. Converse con otro adulto sobre qué puede estar haciendo que su hijo le tenga miedo. Pídale a otro adulto que le haga rendir cuentas en cuanto a corregir esta situación.

Capítulo 7: «Te amo»

1. Comience hoy a decirle a su hijo «Te amo» todos los días. Para lograr este hábito, pegue una nota en su refrigerador que diga la palabra «Amor». Si al final de un día se da cuenta de que no le dijo esas palabras a su hijo, pase al punto número dos.

2. Escríbale a su hijo una nota por la noche y ubíquela en algún lugar donde sepa que la verá a la mañana siguiente. Si su hijo es demasiado pequeño como para leer, escriba la nota de todas formas y guarde todas sus notas de amor en una caja especial para que las lea en algunos años. También puede comprarle o hacerle un regalo pequeño e inesperado a su hijo y pegarle una nota que solo diga: «Porque te amo».

3. Lleve a su hijo a desayunar o almorzar un fin de semana y escuche el noventa por ciento del tiempo que estén juntos. Antes de que su tiempo reunidos termine, exprésele su amor.

4. Permita que sus hijos le escuchen decir «Te amo» a su esposa, sus padres o sus amigos cercanos. Cuando modele de manera constante el uso de estas dos palabras, se convertirán en parte del funcionamiento de su familia, una parte extremadamente sana.

Apéndice 2

CUANDO UNO NO ES PADRE

Sea cual sea el rol que cumpla, puede pronunciar las palabras que el niño necesita escuchar. Incluso si usted no es el padre ni la madre. En este apéndice encontrará pasos que corresponden a varias de las ideas principales de la sección «El uso de las palabras» de cada capítulo. Por supuesto que estas sugerencias representan solo algunas de las muchas posibilidades que puede probar, de modo que utilícelas para estimular su pensamiento acerca de cómo volverse intencionado mientras les expresa mensajes clave a los niños.

Capítulo 1: «Creo en ti»

1. Cuando sea posible, vea al niño en acción para descubrir las características dignas de ser notadas: mientras esté con otros niños, en un hobby o un interés especial, compitiendo en un deporte o participando de un acto artístico. Preste menos atención a los resultados de la actividad y enfóquese más en cómo actúa el niño como individuo. Por ejemplo, si va a un partido de fútbol de un niño, obsérvelo de cerca para ver señales de carácter que pueda comentarle luego. Cuando mencione su voluntad para atacar, su convicción, su espíritu de equipo y su respeto por los demás, el niño sabrá que usted cree en él.

2. A los niños les encantan los cumplidos que provienen de un adulto. Y las palabras que se le dicen al pequeño en un ambiente colectivo operan de lo mejor. Mi amigo Garry puso en práctica esta idea cuando asistió a la cena del Día de Acción de Gracias con su familia completa. Antes de comer, jugó a lanzar una pelota con uno de sus pequeños sobrinos. Luego, sentado a la mesa repleta de parientes, Garry les contó a todos lo bien

que el niño podía lanzar la bola. La lección de esa conversación es: Brinda comentarios positivos y específicos acerca del niño cuando esté rodeado de otras personas.

Capítulo 2: «Puedes contar conmigo»

1. Puede causar una gran impresión en el niño si está presente todas las veces. Susan, una colega del ministerio, disfruta siendo parte de la vida de sus sobrinas y sobrinos. Por eso, en su calendario encontrará citas organizadas y actos especiales con los pequeños miembros de su familia, planeados con meses de anticipación. Crecieron pudiendo contar con tía Susan para divertirse y saben que cumple con sus compromisos. El paso que podemos deducir al ver su comportamiento es: organizar tiempo de manera regular con el niño al que quiere ayudar en su crecimiento y tratar su compromiso como algo innegociable cuando surjan otras exigencias.

2. Ya sea una tía favorita, un amigo de la familia o un líder divertido de la iglesia, cuando pase tiempo con el niño asegúrese de enfocar su atención en participar en actividades que le interesen. Si tiene una nieta que disfruta al bailar, llévela al ballet una vez al año. Si es un niño de dos años de edad al que le gustan los camiones de juguete, siéntese en el piso con él y juegue todo el tiempo que quiera. Asegúrese de imitar el sonido del motor del camión. Y recuerde, desde muy pequeños, a casi todos los niños les gusta que los lleven a desayunar.

Capítulo 3: «Te aprecio»

1. Puede comunicar el mensaje «Te aprecio» con métodos sencillos que requieren poco tiempo, esfuerzo o dinero. Mi padrastro domina este concepto. Por cada temporada de deportes en la que

participa mi hijo, él llama a casa luego de cada partido para que lo pongamos al tanto. En una conversación telefónica de cinco minutos le comunica a Scott cuánto lo aprecia, un mensaje que dura mucho tiempo más luego de haberse despedido. Notas, cartas, correos electrónicos, mensajes de texto... son todos actos simples que pueden tener un gran impacto.

2. Puede hacer que un niño se sienta apreciado cuando lo visita regularmente, en especial cuando asiste a acontecimientos importantes que se centran en el niño, como los cumpleaños, los recitales de baile y los actos de la escuela. Sin embargo, siempre debe consultarlo con los padres del pequeño. La comunicación franca con mamá o papá evitarán cualquier tipo de sospecha acerca de su presencia en la vida de su hijo.

Capítulo 4: «Lo siento, por favor, perdóname»

1. Recuerde la necesidad de pedirles disculpas a los niños. En realidad, considérese un ejemplo que demuestra una humildad genuina y una conciencia justa de la necesidad de decir que lo siente, así como la habilidad de hacerlo con claridad. Cuando demuestre como adulto que tiene influencia sobre un niño que pedir perdón es algo normal, ayudará a que ese pequeño quiera desarrollar su propia habilidad. La clave para el éxito en esta área es: pedir perdón por temas menores, porque cuando uno no es el padre del niño, es probable que nunca surja un problema mayor.

2. Lo mismo sucede con el perdón.

Capítulo 5: «Porque»

1. Vuelva a leer la carta a Drew en el capítulo 5. Considere enviar este tipo de nota dentro de una tarjeta de cumpleaños que le

envía todos los años. Aun cuando la nota a Drew da instrucciones de vida, la de usted puede enfocarse más en afirmar los aspectos positivos de la personalidad del niño que haya observado durante el año pasado. Incluya un desafío con otros niños, como en la carta a Drew.

2. Pídales a los padres que le digan áreas especiales en las que a ellos les gustaría que animaran a su hijo. ¡Imagínese lo mucho que el niño creerá en el mensaje si proviene de sus padres y de otro adulto!

Capítulo 6: «No»

1. Converse con los padres del niño en cuanto a qué límites de comportamiento debe mantener con el pequeño y cómo les gustaría a mamá y papá que se conduzca cuando diga que «no». Muchas veces esto requiere que esté al tanto de las consecuencias que afronta el niño regularmente. También debería estar dispuesto a conversar con el padre acerca del mal comportamiento del niño. Recuerde que a pesar de que un adulto que es flexible en cuanto a las reglas puede hacer feliz a un niño en términos de corto plazo, cuando tolera acciones que mamá o papá no aceptarían, disminuye el desarrollo de su sentido de lo que está bien, lo que está mal y del comportamiento aceptable. Perdón, abuelos.

2. De nuevo, haga de la conversación con los padres del niño una prioridad. Pregúnteles si el niño lucha con algún tipo de desobediencia y cómo podría ayudar. Un comentario bien pensado de parte suya puede ayudar al niño o la niña a ver la importancia de obedecer a mamá y papá.

Capítulo 7: «Te amo»

1. Es muy probable que este mensaje luzca incómodo, forzado o raro. Asegúrese de sostener una relación apropiada con un niño o una niña antes de decirle «Te amo» con regularidad, especialmente si usted no es un familiar cercano. Abuelas, abuelos, tíos y tías, con ustedes no hay problema. Si no es un familiar cercano, primero asegúrese de conocer bien a los padres del pequeño o la pequeña.

2. Sin embargo, en todos los casos puede mostrar amor con acciones. Mi esposa y yo somos muy amigos de Todd y Barb; es una relación que ya tiene quince años. Siendo probablemente las personas más generosas que conocemos, Todd y Barb llevaron a mi familia en avión a su hogar en Colorado un verano y nos prestaron su casa rodante. ¿Por qué? Porque nos aman. Por supuesto que fueron unas vacaciones de lo más aventuradas. No obstante, también fue un ejemplo memorable e increíble para mis hijos de cómo las personas pueden mostrar amor por los demás.

Apéndice 3

GUÍA DE LAS PALABRAS QUE LOS NIÑOS
NECESITAN OÍR

Objetivo de la guía de palabras

Presentarles a los padres siete mensaje clave de este libro y ayudarlos a comenzar a desarrollar sus propias palabras para esos mensajes.

Notas preparatorias

1. Sentar a los participantes alrededor de las mesas, lo que apoyará su habilidad para relacionarse unos con otros durante las conversaciones y los ejercicios.

2. Ofrecer lapiceros y papel en cada mesa, además de una vela apagada (y fósforos si es posible). Hacer que este libro sirva como un recurso para los hogares que brinda más ejemplos y explicaciones profundas.

3. Reforzar los mensajes clave, utilizar una tabla escrita a mano o gráficos hechos en computadora.

4. Planificar que la actividad dure noventa o ciento veinte minutos, dependiendo de cuán largas sean las historias particulares.

Presentación del contenido

Consultar los capítulos de este libro para obtener ejemplos, comentarios detallados, explicaciones de conceptos y versículos clave de la Biblia.

I. Introducción

A. Presentar los temas a través de historias particulares que apunten al impacto que pueden tener las palabras en el niño.

B. «Esta noche nos concentraremos en una de las áreas más críticas en la crianza de los hijos: las palabras. Hablaremos específicamente acerca de cómo podemos llegar al corazón de nuestros hijos con las palabras que decimos».

C. Vista general de la guía de palabras: Cuatro frases cortas, dos palabras sencillas y una visión fresca de la frase «Te amo». También reflexiones personales, conversaciones en grupo y tablas de ejercicios.

II. «Creo en ti» (escriba frases clave en un pizarrón)

A. Historia particular (o utilice una de este libro).

B. «¿Qué piensa mamá de mí?» o «¿Qué piensa papá de mí?» pueden ser una de las preguntas más persistentes en la mente del niño.

C. Los padres comunican el mensaje «Creo en ti» exitosamente cuando practican dos métodos:

1. Note y comente características de la personalidad positivas y específicas. Deténgase, mire, escuche.
Pregúnteles a los demás las cosas positivas que notan en el niño.

2. Demuestre y exprese su fe en el niño.
Adopte una actitud que espere lo mejor de los niños.
Aliente las virtudes en lugar de corregir constantemente las debilidades.
Desarrolle la seguridad al darle responsabilidades al niño.
Exprese una confianza constante en el niño frente a otras personas.

D. Ejercicio individual. Anote en un papel las cualidades específicas de cada uno de sus hijos, incluyendo cómo muestran esa cualidad. (Cinco minutos, luego coméntelo con el grupo de la mesa).

E. Concluya este segmento con «La gran pregunta»: «¿Está convencido mi hijo de que realmente creo en él?» Es más probable que el niño confíe en que Dios cree en él si siente que usted lo hace.

III. «Puedes contar conmigo»

A. Historia particular.

B. Los niños navegarán mejor por la vida cuando sepan que no importa lo que pase, pueden contar con mamá y papá. ¿Contar con ellos para qué?
Para cuidarlos.
Para que estén presentes.
Para apoyarlos.
Para alentarlos, reír y llorar cuando sea necesario.
Para que cumplan sus compromisos.

C. Los pasos útiles con objeto de hacer realidad la frase «Puedes contar conmigo» incluyen:

1. Participar en las actividades de los niños en vez de siempre observarlos y corregirlos.

2. Comprometerse y cumplir con el compromiso. Esto sirve como prueba de fiabilidad, cosa que los niños necesitan y recuerdan.

D. Ejercicio individual. Escriba dos cosas. Primero, piense en el mundo de cada uno de sus hijos. Piense en la escuela, el vecindario, las actividades que hacen, la vida en familia, los amigos, la iglesia y cualquier otro aspecto o actividad importante en sus vidas. Luego anote sus mejores suposiciones en cuanto a cómo experimentan las fiabilidad. Segundo, escriba qué palabras puede decir que expresen «Puedes contar conmigo aunque no puedas confiar en el resto del mundo a tu alrededor». (Cinco minutos, luego comételo grupo de la mesa).

E. Concluya este segmento con «la gran pregunta»: «¿Cree mi hijo que puede contar conmigo?». Cuando hay confianza en el padre y la madre, el salto a confiar en Dios se hace un paso más fácil de dar para los niños.

IV. «Te aprecio»

A. Historia particular.

B. Enfóquese en la verdadera valía del niño, los pequeños necesitan sentirse apreciados por el solo hecho de ser hijos de sus padres. Comunique esta valía sin utilizar calificaciones, un verdadero desafío, ya que la sociedad se enfoca mucho en las señales externas del éxito o la belleza. El mensaje «Te aprecio» ofrece una perspectiva sana para los niños: son valiosos sin la necesidad de compararlos con otros o cualquier logro estándar.

C. Mantenga el mensaje sencillo, pero repítalo con frecuencia y de maneras diferentes:

1. Hechos tan simples como darle a un niño un apodo especial y positivo tienen un gran impacto. Los niños dicen que los hace sentir especiales; esa es la palabra código para expresar que son apreciados.

2. Escribir una nota ocasionalmente tiene un gran valor para los niños.

3. Cambiar un horario de trabajo para asistir a las actividades del pequeño o hacer de voluntario en la escuela ayuda a que el niño se sienta apreciado.

D. Ejercicio de mesa. Vela de la victoria (consulte el capítulo 3 para explicar cómo utilizar esta idea en casa). «En un rato, me gustaría que se enciendan las velas de cada mesa. Durante los primeros minutos quiero que todos permanezcamos en silencio. En el transcurso de ese tiempo, me gustaría que anotaran en una tarjeta algo que hayan hecho y haya funcionado para fortalecer el corazón de sus hijos. Eso no es para aumentar su ego, porque todos escribirán sobre un éxito, de modo que está bien hacerlo. No sé ustedes, pero yo siempre estoy buscando ideas de otros padres. Por eso, durante tres minutos piensen en una idea para compartir. Luego les diré que comiencen con su momento de la vela de la victoria. Cada persona tendrá uno o dos minutos para comentar su idea. Intenten utilizar solo un minuto o dos y acordemos que está bien pedirle a alguien que abrevie si su comentario se hace demasiado largo o comienza a predicar». (Tres minutos para pensar, luego hacer comentarios y finalmente quince minutos para el debate).

Ejercicio individual. Desarrolle una lista de al menos tres maneras nuevas en las que pueda comunicarles a sus hijos el mensaje «Te aprecio». Sea muy específico y realista. Sugiero que comience su lista con Vela de la victoria u otra tradición.

E. Concluya este segmento con «la gran pregunta»: «¿Se siente mi hijo apreciado por mí en una manera sana?». Algo importante que considerar, ya que cuando el niño se siente apreciado por el padre u otro adulto cercano, el paso a creer que es una persona apreciada por Dios se hace mucho más corto.

V. «Lo siento, por favor, perdóname»

A. Historia particular.

B. Una disculpa sincera y un pedido de perdón muestran respeto. Los niños que reciben tales pedidos comprenden que sus sentimientos importan, que la práctica de las disculpas y el perdón son importantes y algo normal. Críe a un niño que tenga poco o ningún deseo de disculparse y pedir perdón, o que no tenga la habilidad de recibir una disculpa y perdonar, y los años de problemas en el futuro se harán más fáciles de predecir.

C. Para un impacto máximo, sea humilde al decir: «Lo siento, por favor, perdóname» con autenticidad y de una manera que incluya estas cinco cualidades:

Claridad.

A tiempo.

Utilizando la menor cantidad posible de palabras.

Con un deseo auténtico.

En circunstancias que realmente ameriten una disculpa.

Los padres encuentran tentador seguir hablando luego de la palabra «perdóname» en «Lo siento, por favor, perdóname». Con cada sílaba que sigue, disminuye el poder de la disculpa. Entonces el mensaje se transforma en una explicación o una excusa. Ofrezca disculpas «sin excusas». La lección que aprenden los niños es que las faltas pueden evitarse si hay suficientes circunstancias atenuantes.

D. Ejercicio individual. Pase tres minutos pensando en algo por lo que necesite pedirle disculpas a su hijo o hija. Escriba cualquier cosa que se le ocurra, acompañada de cuándo planea pedir disculpas.

E. Concluya este segmento con «la gran pregunta»: «¿Qué tan buen ejemplo doy en cuanto a las disculpas y el perdón?». Cuando un niño posee habilidades sanas para pedir disculpas y perdón, es capaz de acercarse de manera auténtica a Dios para confesar sus pecados y buscar su perdón.

VI. «Porque»

A. Lea estas cuatro declaraciones e intente identificar una palabra clave en común:

1. Creo en ti... *porque* la generosidad que acabas de mostrar me confirma que Dios te ha dado un gran corazón para los demás.

2. Puedes contar conmigo... *porque* sabes que siempre te escucharé cuando me necesites.

3. Te aprecio... *porque* no importa lo que hagas, siempre serás mi hijita.

4. Lo siento, por favor, perdóname... *porque* estaba equivocado.

B. El vocablo «porque» hace que las palabras de alabanza hueca se vuelvan sólidas. Cuando utiliza la palabra «porque», en realidad está diciendo: «He aquí por qué...», y a los niños les agrada escuchar «por qué», ¿verdad? De modo que mientras les ofrece a sus hijos palabras que necesitan escuchar para edificarlos, asegúrese de que lo que diga incluya la palabra «porque».

C. Ejercicio individual. Tome los rasgos de la personalidad de cada uno de sus hijos que haya anotado en el primer ejercicio y escriba una descripción completa. Se ve como esto:

Eres _____ (rasgo de la personalidad) porque

_____

Hable de esta descripción una y otra vez con su hijo.

D. Concluya este segmento con «la gran pregunta»: «¿Guarda mi hijo en su corazón lo que le digo?». El niño acostumbrado a escuchar «porque» tendrá curiosidad acerca de qué nos lleva al amor de Dios, y por sobre todo a la vida cristiana, de modo que le encantará ver que hay razones claras para lo que creemos.

VII. «No»

A. Historia particular.

B. Los niños necesitan que los padres establezcan límites firmes. Si esto no sucede, no sabrán cómo comportarse bien. Los niños que escuchan y obedecen el «no» de sus padres aprenden a decirle que no a sus propias urgencias y tentaciones.

　　1. Los padres ayudan a los niños a desarrollar una fuerza interna frete a las situaciones o modelan que «todo vale».

　　2. La necesidad percibida de obtener el permiso de los padres —su «sí»— depende de la fortaleza percibida de su «no».

　　3. El «sí» tiene un impacto mayor cuando los niños creen que existe una posibilidad real de escuchar el «no».

C. Los niños tienen un sentimiento de seguridad cuando escuchan «no».

　　1. Los niños saben que alguien los cuida, se preocupa por ellos y es firme en cuanto a su seguridad.

　　2. Los niños buscan encontrar el límite, no el problema. ¿Por qué buscar el límite? Porque ahí es donde se puede encontrar al padre o la madre.

　　3. El niño que ignora el «no» comunica: «No creo que en verdad te importe».

D. Muchos padres se rehúsan a decirles que «no» definitivamente a sus hijos porque temen que el niño deje de quererlos.

E. Concluya este segmento con «la gran pregunta»: ¿Es mi «no» respetado y eficaz? Cuando el niño puede escuchar y obedecer un «no» de mamá y papá, es probable que sea capaz de hacer lo mismo con Dios, que muestra su amor de manera clara diciéndonos lo que no debemos hacer.

VIII. «Te amo»

A. ¿Qué más se puede decir acerca de esta declaración?

B. Una meta más alta para los padres. ¿Pueden los padres escuchar mejores palabras que «Te amo»? Sí, cuando el niño dice: «Creo que tú me amas».

   1. El niño no tiene la responsabilidad de hacer que el padre se sienta amado.

   2. Cuando un padre dice: «Te amo» y luego hace una pausa (esperando escuchar que el niño también le diga «Te amo»), está manipulando al pequeño sin tener la intención; el niño se ve efectivamente forzado a responder.

   3. No está mal que un niño le exprese amor a su padre o su madre, pero sí que el padre busque que el niño lo diga.

C. Ejercicio individual para practicar en casa. Antes de que este día termine, mire a su hijo a los ojos y dígale: «Te amo».

   1. Siga mirándolo, sus ojos le dirán si le cree o no. Si esos ojos realmente brillan, todo está bien. Si no puede mirarle a los ojos o los voltea, tiene una prioridad mayor: comunicarle a su hijo que lo ama de una manera que lo entienda y le crea.

   2. Repita este proceso todos los días de diversas formas. Sea deliberado, haga de esto un hábito que se convierta en un aspecto normal de su vida y la de su hijo o hija. Y sea claro, utilice las palabras como si estuviera dándole una información nueva a un escéptico.

D. Concluya este segmento con «la gran pregunta»: «¿Cree mi hijo que lo amo?». Esta puede ser la pregunta más importante a la que se enfrente como padre, ya que la respuesta ayudará al niño a comenzar a comprender el concepto del amor incondicional de Dios.

IX. Conclusión

A. Resuma reafirmando los siete mensajes clave.

B. Establezca un desafío final para poner en práctica los conceptos aprendidos con los niños.

C. Considere leer la sección «Una última palabra» de este libro como una exhortación de una pequeña de diez años de edad.

AGRADECIMIENTOS

Becky. Gracias por tu amor, tu aliento y todo el tiempo que me brindaste a fin de escuchar y debatir ideas para este libro... y por no reírte mucho de las ideas raras.

Scott. Gracias por permitirme contar nuestras aventuras. El amor y la buena relación que tenemos llena mis días de alegría.

Erin. Gracias por aportar tu talento literario a este libro y por permitirme contar historias acerca de algunos de nuestros interesantes momentos. ¡Siempre te amaré, compañera!

Judy. Gracias por las horas y horas de trabajo y sabiduría. Tus felicitaciones, tus correcciones y tu amable ayuda construyeron cada página.

Paul, Bob, Mark y el equipo de Zondervan. Gracias por otra oportunidad de trabajar con todos; me siento privilegiado de poder ser compañero de ustedes.

Teri. Gracias por todas las investigaciones, las historias y las frecuentes sesiones de consejería; y por ministrar junto a mí todos estos años.

Tim y Len. Gracias por establecer un ministerio que cambia vidas y por animarme a que escribiera un libro.

Christine. Gracias por guiarme y recordarme que no estoy loco.

Dick Towner. Gracias por cada minuto de cada almuerzo y por su generosidad al compartir conmigo tu sabiduría. Haces que quiera ser un mejor padre, un mejor esposo y un mejor seguidor de Cristo.

Todd. Gracias por ignorar los kilómetros que nos separan para continuar con esta increíble relación que disfrutamos. Eres un buen ejemplo de cómo guiar espiritualmente a una familia.

Garry. Gracias por tu amistad y por las horas que soportaste escucharme.

Brian y Dave. Gracias por todos los años que pasamos durante el desayuno compartiendo la vida y «el especial número uno».

Ministerio Promiseland. Gracias por amar a los niños de manera radical. Los amo y a la serie continua de días nuevos que vivimos juntos.

Bill, Gene y Jon. Gracias por la oportunidad de guiar, crear y escribir; y por su paciencia conmigo.

Mamá y papá. Gracias por siempre creer lo mejor de mí, aun cuando eso significaba extender un poco su amor. O mucho.

Becky. Gracias por compartir conmigo constantemente las palabras que necesito escuchar: «Te amo». Te agradezco dos veces porque quiero asegurarme de que sepas cuán profundamente te amo. Soy tu hombre.

Notas finales

Introducción

1. Morten Christiansen, citado en *Cornell Chronicle 2005*, *www.news. cornell.edu/Chronicle/05/2.24.05/Lingua.hthl*.

Capítulo 1

1. Anne Scharff, *Wilma Rudolph*, Enslow, Berkeley Heights, NJ, 2004, p. 13.
2. John Eldridge, *Salvaje de corazón*, Nelson, Nashville, 2001, p. 57.
3. Mike Kryzyzewski, *Beyond Basketball: Coach K's Key Words for Success*, Warner Business, New York, 2006, p. 14.
4. Chick Moorman, *Cómo hablarles a los hijos: Palabras que enseñan y palabras que lastiman. Niños responsables*, Simon &Schuster, Nueva York, 1998, pp. 120-121.
5. Fred Rogers, *Many Ways to Say I Love You: Wisdom for Parents and Children from Mister Rogers*, Family Communications, Nueva York, 2006, p. 13.
6. Michael Borba, *Parents Do Make a Difference: How to Raise Kids with Solid Character, Strong Minds, and Caring Hearts*, Jossey-Bass, San Francisco, 1999, p. 26.
7. Marcus Buckingham, *Lo único que debe saber,* Free Press, Nueva York, 2005.
8. Rosamond Stone Zander y Benjamin Zander, *El arte de lo posible,* Harvard Business School, Boston, 2000, pp. 26-27.
9. Josie Bissett, *Making Memories: A Parent's Guide to Making Childhood Memories that Last a Lifetime*, Compedium, Lynnwood, WA, 2003, p. 65.
10. Tim Clinton y Gary Sibcy, *Loving Your Child Too Much*, Integrity, Franklin, TN, 2006, p. 113.
11. Madeline Levine, *El precio del privilegio: Cómo están creando la presión de los padres y las ventajas materiales una generación de jóvenes desvinculados e infieles*, HarperCollins, Nueva York, 2006, p. 9.
12. Rogers, *Many Ways to Say I LoveYou*, p. 176.

Capítulo 2

1. Oficina del censo de Estados Unidos, encuesta de la población actual: familias y viviendas, tablas históricas, 2001, *www.census.gov/population/www/socdeom/hh-fam.html#history*.
2. Betsy Taylor, *What Kids Really Need That Money Can't Buy*, Warner, Nueva York, 2003, p. 134.
3. Stephanie Fosnight, «*A Beacon of Hope*», Pioneer Press, 8 de julio de 2005, *www.pioneerlocal.com*.
4. Clinton y Sibcy, *Loving Your Child Too Much*, p. 145.
5. Levine, *El precio del privilegio*, p. 31.
6. Cameron Stracher, «Mucho depende de la cena», *Wall Street Journal*, 8 de agosto de 2005, *www.opinionjournal.com*.
7. Betsy Hart, *Sin miedo a educar*, Berkley/Penguin, Nueva York, 2005, p. 55.
8. Levine, *El precio del privilegio*, p. 8.

Capítulo 3

1. Martha Graham, «Martha Graham se refleja en su arte y en una vida de danza», *The New York Times*, 1985, *http://www.nytimes.com//library/arts/033185graham.html*.
2. Rogers, *Many Ways to Say I LoveYou*, p. 140.
3. Bill Hybels, Mensaje de fin de semana: «Día del Padre 2006», Willow Creek Community Church, South Barrington, IL, 2006.
4. Doctor Benjamin Spock, *New York Sunday News*, 11 de mayo de 1958, como se cita en *The International Thesaurus of Quotations*, HarperCollins, Nueva York, 1996, p. 86.
5. Clinton y Sibcy, *Loving Your Child Too Much*, p. 78.
6. Hart, *Sin miedo a educar*, p. 81.

Capítulo 4

1. James Baldwin, *Baldwin: Collected Essays*, ed. Toni Morrison, Library of America, Nueva York, 1998, p. 173.
2. Moorman, *Cómo hablarles a los hijos*, p. 170.
3. Ibid.
4. Jill Rigby, *Eduque hijos respetuosos en un mundo irrespetuoso*, Howard, Nueva York, 2006, p. 114.

5. Clinton y Sibcy, *Loving Your Child Too Much*, p. 78

6. Shmuley Boteach, *10 Conversations to Have with Your Kids*, HarperCollins, 2006, p. 130.

7. Coretta Scott King, *The Words of Martin Luther King*, New Market, Nueva York, 1983, p. 23.

Capítulo 5

1. William Shakespeare, *King John*, Penguin, Nueva York, 1974, acto 3, escena 4, p. 60.

2. Borba, *Parents Do Make a Difference*, pp. 41-44.

3. Sam McBratney, *Adivina cuánto te quiero*, Candlewick, Cambridge, MA, 1996.

Capítulo 6

1. Hart, *Sin miedo a educar*, p. 134.

2. Moorman, *Cómo hablarles a los hijos*, p. 56.

3. Ibid.

Capítulo 7

1. Cindy Crosby, *Today's Christian Woman*, 27:5, sep-oct. 2005, p. 28.

2. Gary Smalley y John Trent, *The Blessing*, Nashville, Nelson, 1986, p. 58.

3. John Ortberg, Mensaje de fin de semana, «Padres e hijos, el mismo planeta diferentes mundos», Willow Creek Community Church, South Barrington, IL, 2003.

4. Gary Chapman y Ross Campbell, *The Five Languages of Children*, Northfield, Chicago, 2005, p. 20.

5. Ibid, p. 26.

6. Víctor Hugo, *Los Miserables,* Penguin, Nueva York, 1987, p. 167.

7. Larry King, *My Dad and Me*, Crown, Nueva York, 2006, p. 96.

8. Boteach, *10 Conversations*, p. 156.

9. Bernard Malamud, *Dubin's Lives*, Farrar, Strus and Giroux, Nueva York, 1977, p. 248.

10. Rogers, *Many Ways to Say I Love You*, p. 95.

Nos agradaría recibir noticias suyas.
Por favor, envíe sus comentarios sobre este libro
a la dirección que aparece a continuación.
Muchas gracias.

Vida@zondervan.com
www.editorialvida.com

Printed in the USA
CPSIA information can be obtained
at www.ICGtesting.com
LVHW03035220924
791707LV00013B/185